"十四五"职业教育国家规划教材　　中等职业教育"十三五"规划教材

化学基础

主　编　赵书金　韩延丽
副主编　张　欣　张兰兰　王晓强
　　　　徐凯思　李珊珊　王　峰

本书数字资源请扫码

[redacted]

北　京
冶金工业出版社
2023

内容提要

本书主要介绍了化学基本量及其计算、原子结构及元素周期律、化学反应速率及化学平衡、电解质溶液及离子平衡、氧化还原反应、常见金属非金属及其化合物、烃及其衍生物、常见有机物等内容，同时设置了实验探索、知识拓展等板块。

本书可作为中等职业学校化工类专业教材，也可作为化工行业相关工种的职业技能培训教材。

图书在版编目(CIP)数据

化学基础/赵书金，韩延丽主编．—北京：冶金工业出版社，2019. 10（2023. 8 重印）

中等职业教育“十三五”规划教材

ISBN 978-7-5024-8261-9

Ⅰ．①化…　Ⅱ．①赵…　②韩…　Ⅲ．①化学课—中等专业学校—教材　Ⅳ．①G634. 81

中国版本图书馆 CIP 数据核字(2019)第 198034 号

化学基础

出版发行	冶金工业出版社	**电　　话**	(010)64027926
地　　址	北京市东城区嵩祝院北巷 39 号	**邮　　编**	100009
网　　址	www. mip1953. com	**电子信箱**	service@ mip1953. com

责任编辑　曾　媛　美术编辑　郑小利　版式设计　孙跃红　禹　蕊

责任校对　李　娜　责任印制　窦　唯

北京虎彩文化传播有限公司印刷

2019 年 10 月第 1 版，2023 年 8 月第 3 次印刷

787mm×1092mm　1/16；7. 75 印张；183 千字；114 页

定价 35. 00 元

投稿电话　(010)64027932　投稿信箱　tougao@cnmip. com. cn

营销中心电话　(010)64044283

冶金工业出版社天猫旗舰店　yjgycbs. tmall. com

(本书如有印装质量问题，本社营销中心负责退换)

前　言

化学工艺专业是以化工生产所需要的职业岗位技能为目标，培养适应经济建设需要，掌握化学工业专业基本理论知识，具备化工总控工和化学检验工岗位操作能力，面向化工、医药及相关产业的中等应用型技能人才。化学基础，是化学工艺专业必修的一门专业基础课程，旨在使学生理解和掌握元素化合物和有机化合物基础知识、化学基本概念和基本原理，具备化学实验基本操作技能；了解化学知识、理论和技能在实际生产和生活中的应用；具有运用化学知识分析解决一般化学问题的能力。

本书根据以上课程教学目标，综合中等职业学校教学特点和中职化学教学改革的最新成果，将有机化学、无机化学等化学基础知识融合在一起，在帮助学生获得岗位所需的化学基础知识、基本技能和基本方法的前提下，适当降低部分理论知识的难度和深度，避免复杂数学公式推导，加强知识点与实际生产生活的联系，提升学生对本专业的认同感，突出学生职业素养的培养，促进课堂与岗位的衔接，增强学生解决问题的能力。

全书内容包括化学基本量及其计算、物质的结构及变化、化学反应速率及化学平衡、电解质溶液和离子平衡、氧化还原反应、常见非金属元素及其化合物、常见金属元素及其化合物、烃、烃的衍生物、常见有机物等。书中利用章节引言、知识拓展等环节，激发学生学习兴趣，拓展视野；在各知识点及章节都有相应习题及章节小结，便于老师教学和学生自学，巩固章节学习效果。

本书由阳信县职业中专教师编写，赵书金、韩延丽为主编。其中，赵书金主要负责第9、10章；韩延丽主要负责第5、7、8章；张兰兰负责第2、6章；张欣负责第1、3、4章；徐凯思、李珊珊、王峰负责企业实际运用案例的收集整理。全书由韩延丽统稿。

本书编写过程中，阳信县职业中专的领导、老师们提出了很多宝贵意见，并给予大力支持；本编写过程中也参考了相关的教材和著作，在此一并表示感谢。

由于编者水平所限，书中不足之处，敬请读者和同行批评指正。

编　者

2019年9月

目　录

第一章　化学基本量及其计算

物质间发生化学反应是组成它们的粒子（离子、原子或分子等）之间按一定的数目关系进行的。但这些粒子极小，我们用肉眼看不到，也很难称量。实际上这些难以称量的粒子不是几个原子或分子，而是一定数目微粒的集合体，那能否用来计量这些微粒集合体的关系呢？为此，1971 年国际计量大会决定引进一种新的物理量——物质的量，将微观粒子与可称量的物质联系起来。

第一节　物质的量

一、物质的量及其单位

在日常的生产生活和科研中，我们常根据不同的需要用不同的计量单位。例如，用千克、克来计量质量，用秒来计量时间等，同样，我们用摩尔来作为计量微观粒子（离子、原子或分子等）的物质的量的单位。

物质的量表示含有一定数目粒子的集合体，用符号 n 表示，单位摩尔，符号为 mol。“1mol 任何物质所包含的结构粒子数与 0.0012kg 碳 12 所含的原子数目相等”，约为 6.02×10^{23}，这个数值又称为阿伏伽德罗常数，符号为 N_A，即 $N_A=6.02\times10^{23}$。根据以上所述，1mol 任何物质约含有 6.02×10^{23} 个粒子。那么：

1mol 氮原子含有 6.02×10^{23} 个氮原子；

1mol 水分子含有 6.02×10^{23} 个水分子；

1mol 铵根离子含有 6.02×10^{23} 个铵根离子。

物质的量（n）、微粒数（N）和阿伏伽德罗常数（N_A）之间的关系可表示为：

$$n=\frac{N}{N_A}$$

根据这个关系式，可以得出 6.02×10^{23} 个氮原子的物质的量为 1mol，3.01×10^{23} 个铜原子的物质的量为 0.5mol。因此，若比较几种物质的基本单元数目的多少，需要比较其物质的量的数值大小即可。

二、摩尔质量

1mol 物质的质量叫做摩尔质量，用符号 M 表示，单位 g/mol。根据摩尔的定义，1mol 碳 12 原子的质量为 0.012kg（12g），即碳原子的摩尔质量 $M=12$g/mol。

已知，1 个碳 12 原子与 1 个氧原子的质量之比为 12∶16。1 个碳 12 原子与 1 个氧原子有相同数目的原子，都是 6.02×10^{23}。然而，1mol 的碳 12 原子的质量为 12g，则 1mol 氧原子的质量为 16g，那么氧原子的摩尔质量为 16g/mol。由此可以推知，任何元素原子的摩尔质量在数值上等于该元素原子的相对原子质量。例如，氮原子的相对原子质量为 14，氮原子的摩尔质量为 14g/mol。

同理，还可以推知离子、分子或其他基本单元的摩尔质量。即任何物质的摩尔质量在数值上等于其相对基本单元质量。例如：

二氧化碳（CO_2）的摩尔质量是 44g/mol；

铵根离子（NH_4^+）的摩尔质量是 18g/mol。

因为电子的质量极其微小，其失去或得到的电子质量可忽略不计。

三、有关物质的量的计算

物质的量（n）、物质的质量（m）和物质的摩尔质量（g/mol）之间的关系式可表示为：

$$n = \frac{m}{M}$$

（一）已知物质的质量，求物质的量

【例 1-1】 计算 88g 二氧化碳的物质的量是多少摩尔，并计算含有多少个二氧化碳分子。

解： 二氧化碳的相对分子质量为 44，则其 M=44g/mol，有

$$n = \frac{m}{M} = \frac{88\text{g}}{44\text{g/mol}} = 2\text{mol}$$

$$N = nN_A = 2\text{mol} \times 6.02 \times 10^{23}\text{mol}^{-1} = 12.04 \times 10^{23}$$

答： 88g 二氧化碳的物质的量是 2mol，含有二氧化碳分子的数目为 12.04×10^{23}。

（二）已知物质的量，求其质量

【例 1-2】 计算 0.5mol 二氧化硫的质量是多少克。

解： 二氧化硫的相对分子质量是 64，则其 M=64g/mol，其物质的量为：

$$m = nM = 0.5\text{mol} \times 64\text{g/mol} = 32\text{g}$$

答： 0.5mol 二氧化硫的质量是 32g。

第二节 气体的摩尔体积

一、气体的摩尔体积

我们已知道，1mol 任何物质都含有相同数目的粒子，那么，1mol 物质的体积是否相同呢？见表 1-1。

表 1-1 20℃时 1mol 某些固态或液态物质的体积

物质	铅	蔗糖	铁	铝	水	硫酸
体积/cm^3	18.33	215.5	7.2	10	18	54.1

由表 1-1 可知，1mol 的固态或液态物质的体积是不相同的，这是因为构成它们微粒间的距离是很小的。那么 1mol 的气体物质的体积是否相同呢？对于气体来说，气体的体积随温度和压力的变化而变化，所以，若比较气体体积的大小，就需要在同一温度和压力

下进行。

为了便于研究，人们规定温度为0℃和压力为101kPa时的状态叫做标准状态。

在标准状态下，单位物质的量的气体所占的体积叫做气体的摩尔体积，用符号 V_m 表示，单位为L/mol。

标准状态下物质的量（n）、气体的体积（V）和气体的摩尔体积（V_m）之间的关系式可表示为：

$$n = \frac{V}{V_m}$$

在标准状态下，气体的密度：

$$\rho = \frac{M}{V_m}$$

在标准状态下，1mol气体的体积见表1-2。

表1-2　在标准状态下1mol几种气体的体积

气体	氢气	氮气	氧气	二氧化碳
体积/cm^3	22.4	22.4	22.4	22.4

实验证明，在标准状态下，1mol任何气体所占的体积都约为22.4L。

为什么1mol的固态或液态物质的体积不相同，而在标准状况下1mol的气体物质所占的体积都相同呢？这是因为气体分子间的平均距离比分子直径大得多，因此，气体间的体积取决于气体分子间的平均距离的大小，而不是分子本身的大小。由于在相同温度和压力下，不同气体分子间的距离基本是相等的。所以，在标准状态下，1mol任何气体所占的体积都约为22.4L，即在标准状况下，任何气体的摩尔体积都约为22.4L/mol。

由此可推知，在同温同压下，同体积的任何气体都含有相同数目的分子，这个规律称为阿伏伽德罗定律。例如，在标准状态下，22.4L的任何气体，其分子数都为 6.02×10^{23} 个。

二、有关气体摩尔体积的计算

（一）已知气体的质量，计算气体在标准状态下的体积

【例1-3】 计算34g氨气在标准状态下的体积。

解： 氨气的相对分子质量是17，则 $M = 17g/mol$，则34g氨气的物质的量为：

$$n = \frac{m}{M} = \frac{34g}{17g/mol} = 2mol$$

其体积为　$V = nV_m = 2mol \times 22.4L/mol = 44.8L$

答： 34g氨气在标准状态下的体积为44.8L。

（二）已知标准状态下气体的体积，计算气体的质量

【例1-4】 计算在标准状况下，11.2L氧气的质量是多少克。

解： 氧气的相对分子质量是32，则 $M = 32g/mol$，其物质的量为：

$$n = \frac{V}{V_m} = \frac{11.2L}{22.4L/mol} = 0.5mol$$

$$m = nM = 0.5\text{mol} \times 32\text{g/mol} = 16\text{g}$$

答：在标准状态下，11.2L 氧气的质量是16g。

（三）已知标准状态下气体的质量和体积，计算相对分子质量

【例 1-5】 在标准状态下，500mL 某气体的质量为0.985g，计算其相对分子质量。

解：已知 V=500mL=0.5L，则：

$$n = \frac{V}{V_m} = \frac{0.5\text{L}}{22.4\text{L/mol}} = 0.0223\text{mol}$$

$$M = \frac{m}{n} = \frac{0.985\text{g}}{0.0223\text{mol}} = 44\text{g/mol}$$

答：某气体的相对分子质量为44g/mol。

第三节　溶液浓度的表示方法及计算

我们在初中学过用溶质的质量分数表示溶液的浓度，除了用这种方法表示外，还可以用物质的量浓度来表示。物质的量浓度是生产和科研中常用的浓度表示方法。

一、物质的量浓度

以单位体积溶液中所含溶质的物质的量表示溶质的物质的量浓度，简称浓度，用符号 c 表示，单位为 mol/L。

物质的量（n）、物质的量浓度（c）和溶液的体积（V）之间的关系式可表示为：

$$c = \frac{n}{V}$$

例如，1L 硫酸溶液中含有 0.2mol 的硫酸，那么硫酸的物质的量浓度为 0.2mol/L。又如，58.5g NaCl 溶解在适量的水中，配制成 1L 的溶液，则 NaCl 溶液的物质的量浓度为 1mol/L，这个溶液的配制方法如下：首先在天平上称取 58.5g NaCl，放入烧杯中，加入适量的蒸馏水使其完全溶解，将制得的溶液注入 1000mL 的容量瓶中，如图 1-1 所示，再加入少量的蒸馏水洗涤烧杯内壁 2～3 次，并将洗液也注入到容量瓶中，震荡使之混合均匀，然后再缓慢地将蒸馏水注入容量瓶直到液面接近 2～3cm 处，改用胶头滴管加水到容量瓶的刻度处，盖紧瓶塞，摇匀即可。

图 1-1　容量瓶

二、有关物质的量浓度的计算

（一）溶液的体积、溶质的质量及溶液的物质的量之间的换算

【例 1-6】 在 200mL 稀盐酸溶液里含有 0.73g HCl，计算该溶液的物质的量浓度。

解：V=200mL=0.2L，M=36.5g/mol，

$$n = \frac{m}{M} = \frac{0.73\text{g}}{36.5\text{g/mol}} = 0.02\text{mol}$$

$$c = \frac{n}{V} = \frac{0.02\text{mol}}{0.2\text{L}} = 0.1\text{mol/L}$$

答：该溶液的物质的量浓度为 0.1mol/L。

【例 1-7】 配制 0.1mol/L 的 NaOH 溶液 2000mL，计算需要 NaOH 多少克。

解：

$$n = cV = 0.1\text{mol/L} \times 2\text{L} = 0.2\text{mol}$$

$$m = nM = 0.2\text{mol} \times 40\text{g/mol} = 8\text{g}$$

答：配制 0.1mol/L 的 NaOH 溶液 2000mL，需要 NaOH 8g。

（二）有关溶液稀释的计算

在溶液稀释前后溶质的量保持不变，即溶液中溶质的物质的量不变。

则
$$c_1V_1 = c_2V_2$$

式中　c_1——稀释之前溶液的物质的量浓度；

V_1——稀释之前溶液的体积；

c_2——稀释之后溶液的物质的量浓度；

V_2——稀释之后溶液的体积。

【例 1-8】 实验室要配制 3L 1mol/L 的 H_2SO_4 溶液，需要 2mol/L 的 H_2SO_4 溶液多少毫升？

解：由溶液的稀释关系 $c_1V_1 = c_2V_2$ 可得：

$$V_1 = \frac{c_2V_2}{c_1} = \frac{1\text{mol/L} \times 3\text{L}}{2\text{mol/L}} = 1.5\text{L} = 1500\text{mL}$$

答：需要 2mol/L 的 H_2SO_4 溶液 1500mL。

（三）物质的量浓度与质量分数之间的换算

设某溶液的体积为 1L（即 1000mL），物质的量浓度为 c，其质量分数为 w，溶质的摩尔质量为 M，溶液的密度为 ρ（单位为 g/mL）。则 1L 溶液中所含溶液的溶质的质量是相等的。即：

$$1000\text{mL} \times \rho \times w = c \times 1\text{L} \times M$$

$$c = \frac{1000\text{mL/L} \times \rho \times w}{M}$$

【例 1-9】 盐酸的质量分数为 37%、密度为 1.19g/mL，计算该盐酸的物质的量浓度。

解：已知 $w = 37\%$，$\rho = 1.19\text{g/mL}$，$M = 36.5\text{g/mL}$，有

$$c = \frac{1000\text{mL/L} \times \rho \times w}{M} = \frac{1000\text{mL/L} \times 1.19\text{g/mL} \times 37\%}{36.5\text{g/mol}} = 12.06\text{mol/L}$$

答：该盐酸的物质的量浓度为 12.06mol/L。

第四节　根据化学方程式的计算

一、化学方程式

用化学式来表示化学反应的式子称为化学方程式。每个化学方程式都是在实验基础上

得出来的，是客观事实的反应，不能凭主观臆造。

化学方程式的书写步骤如下：

(1) 书写反应物和生成物的化学式。将反应物的化学式写在左边，生成物的化学式写在右边，中间暂时画一短线，各反应物或生成物之间用“+”相连，如：

$$Al(OH)_3 + HCl \longrightarrow AlCl_3 + H_2O$$

(2) 配平反应式。用观察法给各化学式配上适当的系数，使左右两边各种元素的原子总数完全相等，然后将横线改为等号，如：

$$Al(OH)_3 + 3HCl = AlCl_3 + 3H_2O$$

(3) 把必要的反应条件标注在等号的上面或下面，如加热（可用“△”表示）、催化剂、光照等。若生成物中有气体生成，在其化学式的右边用“↑”标明；生成物中有沉淀生成，在其化学式的右边用“↓”标明，如：

$$2KClO_3 \xrightarrow[\triangle]{MnO_2} 2KCl + 3O_2\uparrow$$

二、根据化学方程式的计算

化学方程式不仅表达了化学反应中反应物和生成物的种类，还表达了这些物质间量的关系。根据这种定量关系，进行一系列的化学计算。

在化学方程式中，各个物质的系数之比既表示基本单元数之比，又表示物质的量之比，例如：

	$2H_2$	+	$O_2 \xlongequal{点燃}$		$2H_2O$
基本单元数之比	2	:	1	:	2
物质的量之比	2	:	1	:	2
物质的质量之比	2×2	:	1×32	:	2×18

【例 1-10】 计算用 130g 锌与足量稀硫酸反应，能生成多少克硫酸锌。

解： 设生成硫酸锌的质量为 x。

方法一：用质量比来进行计算：

$$\begin{array}{lllll} Zn & + & H_2SO_4 = & ZnSO_4 & + \; H_2\uparrow \\ 65 & & & 161 & \\ 130g & & & x & \end{array}$$

$$65:161 = 130g:x,\ x = 322g$$

方法二：用物质的量比来进行计算。已知 $M_{Zn} = 65g/mol$，$M_{ZnSO_4} = 161g/mol$，有

$$\begin{array}{lllll} Zn & + & H_2SO_4 = & ZnSO_4 & + \; H_2\uparrow \\ 1 & & : & 1 & \\ \dfrac{130g}{65g/mol} & & : & \dfrac{x}{161g/mol} & \end{array}$$

$$\frac{130}{65} = \frac{x}{161},\ x = 322g$$

答： 能生成硫酸锌 322g。

根据化学方程式进行计算时，可根据具体条件具体分析，换算成克或摩尔，但同种物

质的单位必须一致。

【例 1-11】 计算完全中和 1L 0.5mol/L 的 NaOH 溶液，需要多少升 1mol/L 的 H_2SO_4 溶液。

解： 设需要 1mol/L 的 H_2SO_4 溶液的体积为 x。

$$2NaOH \quad + \quad H_2SO_4 = Na_2SO_4 \quad + \quad 2H_2O$$

$$2 \quad : \quad 1$$

$$1L \times 0.5mol/L : x \times 1mol/L$$

$$2 : 1L \times 0.5mol/L = 1 : x \times 1mol/L,\ x = 0.25L$$

答： 需要 1mol/L 的 H_2SO_4 溶液 0.25L。

在实际生产和科研中，利用化学方程式所得的是产品的理论产量，但实际生产中原料往往不纯，加上操作过程中还会有损耗等，产品的实际产量往往低于理论产量，原料的实际消耗往往高于理论用量。它们的关系可以用原料利用率和产品的产率来表示。

$$原料利用率 = \frac{理论消耗量}{实际消耗量} \times 100\%$$

$$产品产率 = \frac{实际产量}{理论产量} \times 100\%$$

【例 1-12】 工业上煅烧石灰石来生产生石灰。计算：

(1) 若煅烧 $CaCO_3$ 的质量分数为 94% 的石灰石 5t，则能得到生石灰多少吨？

(2) 若实际得到 2.53t 的生石灰，生石灰的产率是多少？

(3) 若每生产 1t 的生石灰，实际用去 1.98t 的石灰石，石灰石的利用率是多少？

解： (1) 设能得到生石灰的质量为 x。原料中纯的 $CaCO_3 = 5t \times 94\% = 4.7t$。

$$CaCO_3 \xlongequal{煅烧} CaO + CO_2 \uparrow$$

$$100 \qquad 56$$

$$4.7t \qquad x$$

$$100 : 56 = 4.7t : x,\ x = 2.63t$$

(2) 由 (1) 可得，CaO 的实际产量为 2.63t，

$$CaO\ 产率 = \frac{实际产量}{理论产量} \times 100\% = \frac{2.53t}{2.63t} \times 100\% = 96.2\%$$

(3) 由 (1) 可得生产 2.63t 生石灰理论上消耗 5t 石灰石，那么每生产 1t 生石灰理论上消耗石灰石为 $\frac{5t}{2.63t} \times 1t = 1.9t$。

$$石灰石的利用率 = \frac{理论消耗量}{实际消耗量} \times 100\% = \frac{1.9t}{1.98t} \times 100\% = 96\%$$

答： 能得到生石灰 4.7t，生石灰的产率是 96.2%，石灰石的利用率是 96%。

本章小结

1. 物质的量

(1) 物质的量表示含有一定数目粒子的集合体，用符号 n 表示，单位为摩尔，符号为 mol。1mol 任何物质约含有阿伏伽德罗常数（$N_A = 6.02 \times 10^{23}$）个粒子。

（2）摩尔质量指 1mol 物质的质量，用符号 M 表示，单位为 g/mol。任何物质的摩尔质量在数值上等于其相对基本单元质量。

（3）物质的量（n）、物质的质量（m）和物质的摩尔质量（g/mol）之间的关系式可表示为：

$$n(\mathrm{mol}) = \frac{m(\mathrm{g})}{M(\mathrm{g/mol})}$$

2. 气体摩尔体积

标准状态：温度为 0℃ 和压力为 101kPa 时的状态。

气体的摩尔体积指在标准状态下，单位物质的量的气体所占的体积，用符号 V_m 表示，单位为 L/mol。

标准状态下物质的量（n）、气体的体积（V）和气体的摩尔体积（V_m）之间的关系式可表示为：

$$n = \frac{V}{V_m}$$

3. 溶液浓度的表示方法及计算

（1）溶质的物质的量浓度表示单位体积溶液中所含溶质的物质的量，简称浓度，用符号 c 表示，单位为 mol/L。

物质的量（n）、物质的量浓度（c）和溶液的体积（V）之间的关系式可表示为：

$$c = \frac{n}{V}$$

（2）有关溶液稀释的计算

在溶液稀释前后溶质的量保持不变，即溶液中溶质的物质的量不变。则：

$$c_1V_1 = c_2V_2$$

（3）物质的量浓度与质量分数之间的换算

物质的量浓度 c、质量分数 w 与溶液的密度 ρ 之间的关系式：

$$c = \frac{1000\mathrm{mL/L} \times \rho \times w}{M}$$

4. 根据化学方程式的计算

（1）化学方程式的书写：书写反应物和生成物的化学式；配平反应式；把必要的反应条件标注在等号的上面或下面。

（2）根据化学方程式计算反应中物质的质量、气体的体积和物质的量等。

（3）化学方程式所得的是产品的理论产量，但实际生产中原料往往不纯，产品的实际产量往往低于理论产量，原料的实际消耗往往高于理论用量。它们的关系可以用原料利用率和产品的产率来表示：

$$原料利用率 = \frac{理论消耗量}{实际消耗量} \times 100\%$$

$$产品产率 = \frac{实际产量}{理论产量} \times 100\%$$

章节测试

一、填空题

1. 物质的量相等的 CO 和 CO_2，其质量比为________，分子个数比为________，所含氧原子的个数比为________。
2. 在标准状态下，6.72L 二氧化氮的物质的量为________，所含氧原子的分子数为________。
3. 配制浓度为 1mol/L 的 NaCl 溶液 500mL，需要称取固体 NaCl 的质量为________，需要的容器为________。

二、计算题

1. 计算 9g 水、28g 氮气、0.1mol 的二氧化碳和 4.48L 的氯化氢（标准状态）中分子数最多的是哪一种。
2. 标准状态下，2.24L 的某气体的质量为 3.2g，计算该气体的相对分子质量。
3. 计算质量分数为 7.4%，密度为 1.08g/mL 的 NaOH 溶液的物质的量浓度。
4. 锌与稀盐酸反应，在标准状态下生成 3.36L 氢气，计算需要消耗锌和稀盐酸的物质的量各为多少。
5. 用黄铁矿生产硫黄。黄铁矿中 FeS_2 的质量分数为 84%，经隔绝空气加热，生产 1t 纯硫黄，问理论上需要黄铁矿多少吨？如果实际生产中用去 4.8t，问原料的利用率为多少？

创立分子学说的阿伏伽德罗

阿伏伽德罗（Amedeo Avogadro，1776 年 8 月 9 日—1856 年 7 月 9 日），意大利物理学家、化学家。他出生于都灵市一个律师家庭。1972 年进入都灵大学读法律系，1800 年弃法从理。1811 年发表了阿伏伽德罗假说，阿伏伽德罗定律。阿伏伽德罗 30 岁时，对研究物理产生兴趣。1832 年，出版了四大册理论物理学。为了纪念他，将 N_A 称为阿伏伽德罗常量。

阿伏伽德罗的重大贡献是他在 1811 年提出了一种分子假说："同体积的气体，相同的温度和压力下，含有相同数目的分子。"他把这一假说称为阿伏伽德罗定律。这一假说是根据 J.-L. 盖-吕萨克在 1809 年发表的气体化合体积定律上发展而成的。他在 1811 年的著作中写道："盖-吕萨克在他的论文里曾经说，气体化合时，它们的体积成简单的比例。如果所得的产物也是气体的话，其体积也是简单的比例。这说明了在这些体积中所作用的分子数是基本相同的。由此必须承认，气体物质化合时，它们的分子数目是基本相同的。"阿伏伽德罗还反对当时流行的气体分子由单原子构成的观点，认为氮气、氧气、氢气都是由两个原子组成的气体分子。

当时，化学界的权威瑞典化学家 J.J. 贝采利乌斯的电化学学说很盛行，在化学理论中占据主导地位。电化学学说则认为同种原子是不可能结合在一起的。因此，英、法、德国的科学家都不接受阿伏伽德罗的假说。一直到 1860 年，才重新提起阿伏伽德罗假说。许多科学家了解并接受了阿伏伽德罗假说。阿伏伽德罗定律已为全世界科学家所公认。阿伏伽德罗数是 1mol 物质所含的分子数，其数值是 6.02×10^{23}，是自然科学重要的基本常数之一。

第二章　原子结构及元素周期律

关于物质是由离散单元组成且能够被任意分割的概念流传了上千年，但这些想法只是基于抽象的、哲学的推理，而非实验和实验观察。随着时间的推移以及文化和学派的转变，哲学上原子的性质也有着很大的改变，而这种改变往往还带有一些精神因素。尽管如此，对于原子的基本概念在数千年后仍然被化学家们采用，因为它能够很简明地阐述一些化学界的现象。本章将重点讲解原子的构成，核外电子的排布及元素在周期表中的规律。

第一节　原子的构成

公元前5世纪，古希腊大哲学家德谟克利特提出：万物都是由极小的不可分割的微粒结合起来的。他把这些微粒称为“原子”，意思就是不可再分的粒子。由于当时的生产力低下，不具备以实验为基础的科学研究，因而，认为原子是不可再分的。随着生产力的迅速发展，人们的认识也在不断地深入。

一、原子的构成

科学家经过论证得到：原子核带正电荷，位于原子的中心，电子带负电，在原子核的周围做高速的运动。原子核所带的正电荷数与核外电子所带的负电荷数相等，所以说原子是电中性的。

原子核发现以后，科学家又进一步证明：原子核仍可再分。原子核由质子和中子构成。质子带一个单位的正电荷，中子不带电荷，因此原子核所带的电荷数（Z）由核内质子数决定。即：

$$\text{核电子数（}Z\text{）}=\text{质子数}=\text{核外电子数}$$

质子的质量是1.6726×10^{-27}kg，中子的质量为1.6748×10^{-27}kg，电子的质量约为质子质量的1/1837，所以，电子的质量很小，可忽略不计，原子质量主要集中在原子核上。质子和中子的质量很小，计算不方便，因此通常用它们的相对质量。

通常作为原子量标准的碳-12原子的质量是1.9927×10^{-26}kg，它的1/12为1.6606×10^{-27}kg。质子和中子对它的相对质量取近似整数值为1。若忽略电子的质量，原子核内质子和中子的相对质量取近似整数值加起来，所得的数值称为质量数，用符号A来表示，中子用符号N表示。则：

$$\text{质量数}(A)=\text{质子数}(Z)+\text{中子数}(N)$$

已知其中的任意两个量，就可求得另一个量。

例如：已知氧原子的核电荷数为8，质量数是16，则氧原子的中子数$=A-Z=16-8=8$。归纳起来，以X代表一个质量数为A、质子数为Z的原子，那么它们之间的关系为：原子$^{A}_{Z}X$表示质子Z个，中子$A-Z$个，核外电子Z个。

牛刀小试

$^{25}_{12}Mg$ 原子中有________个质子，________个电子，________个中子，质量数是________

二、同位素

元素就是具有相同核电荷数（质子数）的同一类原子的总称。质子数相同，是不是中子数和质量数也相同呢？科学家证明，质子数相同，中子数和质量数是不一定相同的。这种具有相同质子数，而中子数不同的同种元素的不同原子互成同位素，它们有的是天然的，有的是人造的，有的是放射性的，有的没有放射性。如$^{1}_{1}H$、$^{2}_{1}H$、$^{3}_{1}H$ 是氢的三种同位素，其中$^{1}_{1}H$、$^{3}_{1}H$ 是制造氢弹的材料。铀元素同样具有$^{234}_{92}U$、$^{235}_{92}U$、$^{238}_{92}U$ 等多种同位素。$^{235}_{92}U$ 是制造原子弹的材料和核反应的燃料。碳元素同样有$^{12}_{6}C$、$^{13}_{6}C$、$^{14}_{6}C$ 多种同位素。在医疗方面，可以利用某些同位素放射出的射线治疗癌肿等。

同一元素的各种同位素质量数不同，物理性质不同，但化学性质几乎相同。在同位素中，不论是游离态和化合态，同位素的原子含量（丰度）一般是不变的。如元素氯有$^{35}_{17}Cl$ 和$^{37}_{17}Cl$ 两种，通过计算丰度求出氯的相对原子质量。

符号	同位素的相对原子质量	丰度
$^{37}_{17}Cl$	36.966	24.23%
$^{35}_{17}Cl$	34.969	75.77%

$$36.966\times24.23\%+34.969\times75.77\%=35.453$$

即 Cl 的相对原子质量为 35.453。所以可以根据同位素中各同位素的原子量与丰度的积，然后相加得到。

第二节 原子核外电子的排布

电子是在原子核外做高速转动的质量很小的负电荷微粒。那它有什么特殊的规律吗？我们来看一下吧！

由于核外电子在宏观上没有确定的轨道、在某一时刻没有确定的位置，当然也不可能画出它的运动轨迹，只能统计描述核外空间出现机会的多少（数学上称为概率）。

为了便于理解，我们如果利用假想，给氢原子照相的比喻来说明。氢原子的核外仅有一个电子，为了能很快找到电子在氢原子核外的准确位置，我们假设有一架特殊的照相机来给氢原子照相，记录下氢原子核外一个原子在不同的时间所处的位置。先给某一个氢原子拍五张照片，得到的是如图 2-1 所示的各不相同的图像。图上的+表示原子核，小黑点表示的是电子。

然后继续给这些氢原子拍照，拍千万张照片，将这些照片排列对比，我们将发现电子好像是在氢原子的核外做着毫无规律的运动，一会出现在这里，一会出现在那里。如果我

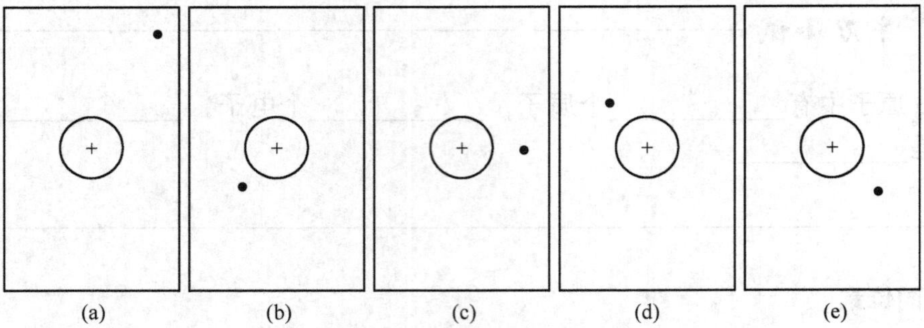

图 2-1 氢原子的 5 次瞬间照相

们将这些照片重叠，就会看到如图 2-2 所示的图像。

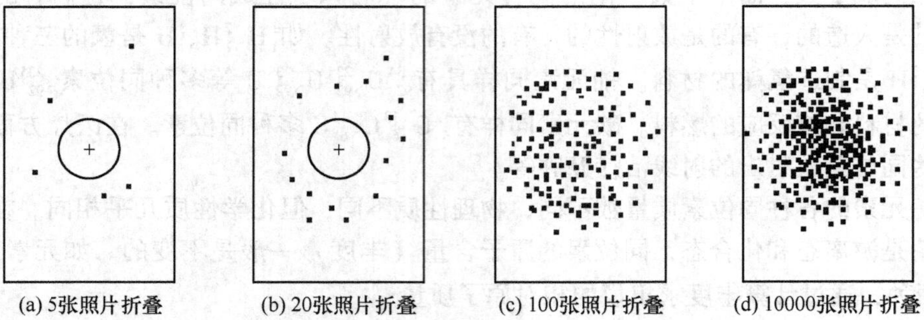

图 2-2 若干张氢原子瞬间照片叠印的结果

由图 2-2 说明，对氢原子照片叠印的张数越多，就越能使人形成一团“电子云雾”笼罩原子核的印象，这种图像被形象地称为“电子云”。在电子云图像中，小黑点较密集的地方表示电子在该空间内出现的概率大，较稀的地方表示电子在该空间内出现的概率小。图 2-2（d）就是通常状态下，氢原子电子云的示意图。由图可知，氢原子核外的电子云呈球形对称，且离原子核越近处单位体积的空间中电子出现的机会就越多，离原子核越远处单位体积的空间中电子出现的机会就越少。

必须明确，电子云中的许多小黑点绝不是表明核外有许许多多的电子，而只是形象地表明氢原子仅有一个电子在核外空间出现的统计情况。

我们知道，核外电子数目是随着原子核电荷数的增加而增加的。在含有若干个电子的原子中，这些电子在核外又是如何排布的呢？近代原子结构理论认为，在含有多个电子的原子中，电子的能量并不相同，与离核的远近有关。能量低的电子，在离核近的区域运动；能量高的电子，在离核远的区域运动。通常用电子层来表示这种离核远近不同的区域。我们把能量最低，离核最近的叫第一层（电子层的序数 $n=1$），能量稍高、离核稍远的叫第二层（$n=2$），由里向外依次为第三层（$n=3$）、第四层（$n=4$）、第五层（$n=5$）、第六层（$n=6$）、第七层（$n=7$）。也可依次用 K、L、M、N、O、P、Q 等符号表示。这样来看，电子是在不同能量电子层上运动的。目前最复杂原子的电子层不超过七层。

核外电子的分层运动又叫核外电子的分层排布。下面将核电荷数从 1～20 的元素原子和 6 个稀有气体元素原子的电子排布列入表 2-1 和表 2-2 中。

表 2-1　核电荷数 1 ~ 20 的元素原子的核外电子排布

核电荷数	元素名称	元素符号	各电子层电子数			
			K	L	M	N
1	氢	H	1			
2	氦	He	2			
3	锂	Li	2	1		
4	铍	Be	2	2		
5	硼	B	2	3		
6	碳	C	2	4		
7	氮	N	2	5		
8	氧	O	2	6		
9	氟	F	2	7		
10	氖	Ne	2	8		
11	钠	Na	2	8	1	
12	镁	Mg	2	8	2	
13	铝	Al	2	8	3	
14	硅	Si	2	8	4	
15	磷	P	2	8	5	
16	硫	S	2	8	6	
17	氯	Cl	2	8	7	
18	氩	Ar	2	8	8	
19	钾	K	2	8	8	1
20	钙	Ca	2	8	8	2

表 2-2　稀有气体元素原子的电子层排布

核电荷数	元素名称	元素符号	各电子层的电子数					
			K	L	M	N	O	P
2	氦	He	2					
10	氖	Ne	2	8				
18	氩	Ar	2	8	8			
36	氪	Kr	2	8	18	8		
54	氙	Xe	2	8	18	18	8	
86	氡	Rn	2	8	18	32	18	8

想一想

从表2-1、表2-2可见，原子核外电子总是从内层（能量最低的第1电子层）排起，当第1层排满后再排第2层，即由内到外顺序依次排列。那么，每个电子层上至少可以排布多少电子呢？

从表可得到以下规律：

（1）各电子层最多容纳的电子数是 $2n^2$ 个（如 $n=1$，即K层最多容纳的电子数为 $2\times1^2=2$）；

（2）最外层电子数不超过8个（K层为最外层时不超过2个）；

（3）次外层的电子数不超过18个，倒数第三层的电子数不超过32个。

研究发现核外电子总是先排布在能量最低的电子层里，然后由里到外，依次排布在能量逐步升高的电子层里。按照K，L，M电子层的顺序排满电子。

以上几点是互相有联系的，不能独立的理解。例如，当M层不是最外层时最多可以排布18个电子，当它是最外层时，则最多可以排布8个电子。例如当O层为次外层时，就不是最多排布 $2\times5^2=50$ 个电子，而是最多排布18个电子。

知道原子的核电荷数和电子层排布后，我们就可以很容易的画出原子结构示意图。例如，图2-3为钠原子和氯原子的结构示意图。+11表示原子核及核内有11个质子。弧线表示电子层，上面的数字表示该层的电子数。

钠原子　　氯原子

图2-3　钠原子和氢原子结构示意图

试一试

请写出氧原子的结构示意图？

第三节　元素周期律

为了使我们认识元素之间的相互联系及内在的规律，我们把核电荷数1～18的元素原子的核外电子排布、原子半径和一些化合价列成表（见表2-3）来加以讨论。人们按照核电核数由小到大的顺序给元素编号，这种序号，叫做该元素的原子序数。显然，原子序数在数值上与此原子的核电荷数相等。表2-3就是按照原子序数的顺序进行编排的。

一、核外电子排布的周期性变化

由表2-3可见，从氢到氦，也就是原子序数从1～2的元素，有一个电子层，电子由1

个增加到2个，到达了稳定结构。从锂到氖，也就是原子序数从3~10的元素，有两个电子层，由于第一个电子层已经填满，第二个电子层从1个增加到8个，达到稳定结构。从钠到氩，也就是原子序数从11~18的元素，有三个电子层，第一层和第二层已经填满，第三个电子层从1个增加到8个，达到稳定结构。我们如果继续研究下去，可以发现，每隔一定数目的元素，会重复出现原子最外层电子数从1个递增到8个的情况。也就是随着原子序数的递增，元素原子的最外层电子排布是呈周期性变化的。

表2-3　元素性质随着核外电子周期性的排布而呈周期性的变化

原子序数	1	2	3	4	5	6	7	8	9
元素名称	氢	氦	锂	铍	硼	碳	氮	氧	氟
元素符号	H	He	Li	Be	B	C	N	O	F
电子层结构	1	2	2 1	2 2	2 3	2 4	2 5	2 6	2 7
原子半径/pm	37	122	123	89	82	77	75	74	71
化合价	+1	0	+1	+2	+3	+4，-4	+5，-3	-2	-1
原子序数	10	11	12	13	14	15	16	17	18
元素名称	氖	钠	镁	铝	硅	磷	硫	氯	氩
元素符号	Ne	Na	Mg	Al	Si	P	S	Cl	Ar
电子层结构	2 8	2 8 1	2 8 2	2 8 3	2 8 4	2 8 5	2 8 6	2 8 7	2 8 8
原子半径/pm	160	186	160	143	117	110	102	99	191
化合价	0	+1	+2	+3	+4，-4	+5，-3	+6，-2	+7，-1	0

二、原子半径的周期性变化

由表2-3可见，由碱金属Li到卤素F，随着原子序数的递增，原子半径由152pm（皮米，$1pm=10^{-12}m$）递减至71pm，即原子半径由大逐渐变小。再由碱金属Na到卤素Cl，随着原子序数的递增，原子半径又是从大（180pm）逐渐变小（99pm）。如果把所有的元素按原子序数递增的顺序排列起来，可以发现，随着原子序数的递增，元素的原子半径发生周期性的变化。

三、元素主要化合价的周期性变化

由表2-3可见，从原子序数为11到18的元素在很大程度上重复着从3到10的元素所表现的化合价的变化，即正价从+1（Na）逐渐递变到+7（Cl），以稀有气体元素为零价结束。从中部的元素开始有负价，负价从-4（Si）递变到-1（Cl）。18号元素以后的元素的化合价，与前面18种元素有相似的变化。元素的化合价随着原子序数的递增呈现周期性的变化。

想一想

由表 2-3，同学们可以总结出哪些规律？

综上所述，元素的性质随着元素原子序数的递增而呈周期性的变化，这个规律即为元素周期律。

第四节 元素周期表

根据元素周期律，把现有的一百多种元素中电子层数目相同的各种元素，按原子序数递增的顺序从左到右排列成横行，再把各横行中最外层电子数相同的元素按电子层数递增的顺序从上到下排成纵行。这样得到一个表，叫元素周期表。在元素周期表中，可以很明显的看出每一个周期或每一个主族元素的性质和递变规律。

元素周期表有好几种形式，最常用的是长式周期表。在元素周期表中，每一种元素一般都占一格，每一格里，均有元素名称，元素符号，原子序数和相对的原子质量。下面我们介绍一下长式周期表的有关知识。

一、元素周期表的结构

（一）周期

在元素周期表中，共有 7 个横行，每个横行代表一个周期，即共有 7 个周期。它们的电子层数目相同，并按照原子序数递增的顺序排列起来，成为一个周期。周期表的序数就是该周期元素原子的电子层数。例如，第一周期的元素氢和氦仅有一个电子层，第二周期的元素有两个电子层。

各周期表里元素的数目并不相同，第一周期仅有 2 种元素，第二、第三周期都有 8 种元素，这三个周期称为短周期。第四、五周期各有 18 种元素，第六周期有 32 种元素，这三个周期称为长周期。第七周期理论上推算也应该有 32 种元素，可至今只发现了 26 种，称为不完全周期。

除了第一周期外，每个周期最外层电子数都是从 1 个递增到 8 个。除第一周期和第七周期外，其余各周期的元素都是从活泼的金属——碱金属开始过渡到活泼的非金属元素——卤素，最后以稀有气体元素结束。

第六周期从 57 号镧 La 元素到 71 号镥 Lu 元素，这 15 种元素的性质十分相似，称为镧系元素。为了使表的结构更加紧凑，将镧系元素放在周期表的同一格里，且按原子序数递增的顺序，把它们单独列到表的下方。

第七周期从 89 号锕元素到 103 号铑元素，这 15 种元素也具有非常相似的性质，称为锕系元素。它们也在周期表中占了一格，并按照原子序数递增的顺序单独列在周期表下方，锕系元素中铀（U）后面的元素大多数是人工进行核反应制得的元素，叫做超铀元素。

（二）族

族又分为A族（主族）和B族（副族）。在周期表中，有18个纵行，除第8、9、10三个纵行合称为第ⅧB族元素外，其余15个纵行，每一个纵行标作为一族。由短周期元素和长周期元素共同构成的族叫主族，完全由长周期元素构成的族叫副族。主族元素在族的序数（习惯用罗马数字表示）后面标一个A字，如ⅠA，ⅡA等。主族元素的序数与该族元素原子的最外层电子数相同。副族元素标B字，如ⅠB、ⅡB等。在周期表中，有8个主族，8个副族。

在8个主族中，每一个主族又有一个名称：第ⅠA族，叫做“碱金属族”；第ⅡA族，又叫“碱土金属族”；第ⅢA族，叫做“硼族”；第ⅣA族，叫做“碳族”；第ⅤA族，叫做“氮族”；第ⅥA族，叫做“氧族”；第ⅦA族，叫做“卤素族”；第ⅧA族是稀有气体元素，化学性质很不活泼，在通常情况下不发生化学变化，其化合价为零。

副族元素位于周期表的中部，又叫过渡元素。过渡元素都是金属元素。

二、周期表中主族元素性质的递变规律

元素周期表是根据元素性质的周期性变化而排成的。因此，通过元素周期表，我们可以更系统的认识元素性质变化的规律，以便更好地学习和掌握元素的性质。

（一）主族元素的非金属性和金属性的递变规律

元素的金属性通常是指它失去电子的能力，而对于元素的非金属性是指它得到电子的能力。原子半径越大，电子层数越多，原子的最外层电子数越少，就越易失去电子，元素的金属性就越强。原子半径越小，电子层数越少，原子的最外层电子数越多，就越易得到电子，元素的非金属性就越强。

我们还可以从元素的单质跟水或酸反应置换氢的难易程度，元素的最高价氧化物的水化物——氢氧化物的碱性的强弱，来判断元素金属性的强弱；从元素氧化物的水化物的酸性强弱，或者跟氢气生成气态氢化物的难易，来判断元素非金属性的强弱。原子序数为3～18的元素及其化合物递变规律见表2-4。

表2-4　原子序数3～18各元素及其化合物递变规律

原子序数	元素名称（符号）	最外层电子数	电子层数	金属性和非金属性	最高价氧化物的水化物	水化物的酸碱性	气态氢化的分子式
3	锂(Li)	1	2	活泼金属	LiOH	强碱性	
4	铍(Be)	2	2	金属	$Be(OH)_2$	碱性	
5	硼(B)	3	2	非金属	H_3BO_3	弱酸性	
6	碳(C)	4	2	非金属	H_2CO_3	弱酸性	CH_4
7	氮(N)	5	2	非金属	HNO_3	强酸性	NH_3
8	氧(O)	6	2	活泼非金属			H_2O
9	氟(F)	7	2	最活泼非金属			HF
10	氖(Ne)	8	2	稀有气体			
11	钠(Na)	1	3	活泼金属	NaOH	强碱性	
12	镁(Mg)	2	3	活泼金属	$Mg(OH)_2$	碱性	

续表 2-4

原子序数	元素名称（符号）	最外层电子数	电子层数	金属性和非金属性	最高价氧化物的水化物	水化物的酸碱性	气态氢化的分子式
13	铝(Al)	3	3	两性元素	$Al(OH)_3$	两性	
14	硅(Si)	4	3	非金属	H_2SiO_3	弱酸性	SiH_4
15	磷(P)	5	3	非金属	H_3PO_4	酸性	PH_3
16	硫(S)	6	3	较活泼非金属	H_2PO_4	强酸性	H_2S
17	氯(Cl)	7	3	活泼非金属	$HClO_4$	最强酸	HCl
18	氩(Ar)	8	3	稀有气体			

由表 2-4 可知，同一周期元素原子核外电子层数虽然相等，但从左到右，核电荷数依次增多，原子半径逐渐减小，原子失去电子的能力逐渐减弱，得到电子的能力逐渐增强（稀有气体除外）。说明，从左到右，元素的金属性逐渐减弱，非金属性逐渐增强。

同一周期元素，从左到右，最高价氧化物对应的水化物碱性逐渐减弱，酸性逐渐增强。另外，元素单质与水或酸越易发生反应置换出氢气，它的金属性就越强。元素单质越易与氢气反应，生成气态氢化物的热稳定性就越强，它的非金属性也越强。因此，从左到右，元素的金属性逐渐减弱，非金属性逐渐增强。表 2-5 是ⅠA 族（碱金属）和ⅦA 族元素性质变化情况。

表 2-5 ⅠA（碱金属）和ⅦA 族元素性质变化情况

	元素名称（符号）	核电荷数	电子层数	原子半径/pm	元素名称（符号）	核电荷数	电子层数	原子半径/pm	
金属性逐渐增强↓	锂（Li）	3	2	152	氟（F）	9	2	64	非金属性逐渐增强↑
	钠（Na）	11	3	186	氯（Cl）	17	3	99	
	钾（K）	17	4	227	溴（Br）	35	4	114	
	铷（Rb）	37	5	248	碘（I）	53	5	133	
	铯（Ce）	55	6	265	砹（At）	85	6		
	钫（Fr）	87	7						

由表 2-5 可知，同一主族中，从上到下，原子半径逐渐增大，电子层数逐渐增多，失去电子的能力逐渐增强，得电子的能力逐渐减弱。因此，同一主族中，从上到下各元素的金属性逐渐增强，非金属性逐渐减弱。

（二）元素化合价的递变规律

元素的化合价与原子的电子层结构有密切关系，特别是与最外层电子数目有关，有些元素的化合价还与它们原子的次外层或倒数第三层部分电子有关。主族元素的价电子就是其最外层电子。主族元素的最外层电子数与主族的族序数相同，所以，主族元素的最高正化合价等于它的族序数（除 O，F）。非金属元素的最高正化合价和它的负化合价绝对值的代数和等于8。因为非金属元素的最高正化合价等于原子所失去或偏移的最外层电子数；而它的负化合价等于为了得到 8 个电子稳定结构而需要得到的电子。例如，氯元素处于第 7 主族，那么，该元素的最外层电子数即价电子数为 7 个，氮元素的最高正化合价是+7，它的负化合价为-1。

总之，元素的性质是由原子结构决定的，元素在周期表中的位置反映了元素的原子结构和一定的性质。因此，根据元素在周期表中的位置可以很容易地推断某元素的化学性质。

根据主族元素的结构和递变规律，我们得到以下结论。

(1) 根据原子的电子层数等于周期序数，最外层电子数等于所在的主族序数。例如氯元素在第三周期，第ⅦA族，由于最外层电子数为7个，它在化学反应中易获得电子，所以是一个非金属元素。

(2) 根据最外层电子数等于最高正化合价可知，氯元素的最高正化合价为+7价。

(3) 氯元素是第ⅦA族的非金属元素，能生成气态氢化物，负化合价为-1价。所以，气态氢化物的化学式为HCl，热稳定性较好。

第五节 化学键

原子之间能够结合成分子，必然存在着相互作用，而这种相互作用不仅存在于直接相邻的原子之间，而且也存在于分子内非直接相邻的原子之间。直接相邻的原子的相互作用比较强烈，成为原子变成分子的主要因素。相邻的两个或多个原子之间强烈的相互作用叫做化学键。化学键主要有离子键、共价键和金属键。

一、离子键

活泼金属和活泼非金属都容易发生反应，它们的原子可失去电子或得到电子而使核外电子层结构达到稳定状态。

例如，金属钠在氯气中燃烧生成氯化钠的反应：

$$2Na+Cl_2 \xlongequal{} 2NaCl$$

结合原子结构分析讨论氯化钠是怎样形成的。

根据钠原子与氯原子的核外电子排布，钠原子最外层有1个电子，容易失去，形成带1个单位正电荷的Na^+，从而达到稳定结构。氯原子最外层有7个电子，容易获得1个单位负电荷的Cl^-，从而达到稳定结构。钠与氯气反应，钾的最外层上的1个电子转移到氯原子上，形成稳定结构。

这两种相反电荷通过静电作用结合在一起，形成了性质与单质钠与氯完全不同的物质——氯化钠。

像氯化钠那样，阴阳离子通过静电作用形成的化学键，叫做离子键。由离子键结合的化合物叫做离子化合物。

绝大多数盐类、强碱类和活泼金属氧化物都是离子化合物，如NaCl、$ZnSO_4$、NaOH、CaO等。

牛刀小试

试写出常见的一些离子化合物。

二、共价键

活泼金属和活泼非金属化合时可以形成离子键，那非金属之间相互化合时的情况呢？

（一）共价键的形成

以两个氢原子结合成一个氢分子为例。在通常情况下，当一个氢原子和另一个氢原子接近时，就相互作用而生成氢分子。

$$H+H \xlongequal{} H_2$$

在氢分子形成的过程中，由于它们得失电子的能力相同，都不能得到或失去这个电子，只能共用此电子，以达到稳定结构，这种电子对称为共用电子对。这两个共用的电子在两个原子核的周围运动。因此，在氢分子中每个氢原子都好像具有氦电子的稳定结构。

像氢分子那样，原子间通过共用电子对所形成的化学键，叫共价键。原子间可以共用1对电子，形成1个共价键；也可以共用2对或3对电子，形成2个或3个共价键。

共价化合物就是分子中只有共价键的化合物。像HCl、H_2O、NH_3等都是共价化合物。

（二）非极性键和极性键

以共价键形成的化合物称为共价分子。其包括单质分子和化合分子。在一些非金属单质分子中，存在同种原子形成的共价键，由于两个原子吸引电子的能力相同，共用电子对不偏向任何原子一方，成键的原子不显电性，这样的共价键叫非极性共价键，简称非极性键。如H—H键、Cl—Cl键。

不同的非金属元素的原子形成的化合物，因不同种类的原子吸引电子的能力不同，共用电子对偏向吸引电子能力强的一方，所以吸引电子能力强的原子就带部分负电荷，吸引电子能力较弱的电子带部分正电荷。这样的共价键叫极性共价键，简称极性键。例如，在H—Cl分子中，Cl比H原子吸引电子的能力强，共用电子对偏向Cl原子一方，使得Cl原子显负电性，H原子显正电性。因此，HCl分子中H—Cl键是极性键。同理，H_2O分子中的H—O键也是极性键。

牛刀小试

试写出常见的一些共价化合物，并指出所含的是极性键还是非极性键。

本章小结

1. 原子结构

（1）原子的构成：原子核和核外电子。

（2）同位素：具有相同质子数和不同中子数的同一元素的原子互称同位素。

（3）核外电子的运动特征——电子云。

（4）核外电子的排布：在多电子原子中，核外电子是分层排布的。

2. 元素周期律和元素周期表

（1）元素的性质随着原子序数的递增而呈周期性变化的规律叫做元素周期律。

(2) 根据元素周期律，把元素按原子序数递增的顺序以一定规律排列，形成元素周期表。

在周期表中，具有相同电子层数，并按照原子序数递增的顺序排列的一系列元素，成为一个周期。周期表中每个纵行叫做一个族。在整个周期表里，共分7个周期，16个族。

在周期表中元素性质的递变规律：同一周期中，从左到右，元素的金属性逐渐增强，非金属性逐渐减弱。

章节测试

一、填空题

1. 填表

原子序数	元素符号	电子层结构	周期	族	最高正价	最高价氧化物水化物化学式及酸碱性	气态氢化物的化学式
12							
16							
			二		5		

2. 除第一和第七周期外，每一周期的元素都是从________元素开始，以________元素结束。
3. 同一周期的主族元素，从左到右，金属性逐渐________，非金属性逐渐________；同一主族元素从上到下，金属性逐渐________，非金属性逐渐________；金属性最强的元素在周期表的________方，非金属性最强的元素在周期表的________方。
4. 某主族元素R，它的最高价氧化物的化学式是RO_3，气态氢化物里含氢5.88%，该元素的相对原子质量是________，该元素是________。

二、选择题

1. 下列关于$^{17}_{8}O$叙述错误的是（　　）。

A. 质子数为8　　B. 中子数为8　　C. 电子数为8　　D. 质子数为17

2. 某二价阴离子，核外有18个电子，中子数为16，质量数为（　　）。

A. 16　　B. 18　　C. 32　　D. 34

3. 和氖原子有相同电子层结构的微粒是（　　）。

A. Na^+　　B. Cl^-　　C. Ar　　D. Na

三、是非题（下列叙述中错的打“×”，对的打“√”）

1. 人们已经发现110种元素，所以说就是发现了110种原子。（　　）
2. 原子中电子数目决定了元素的种类。（　　）
3. 2H，$2H^+$，H_2，H这些符号都代表氢，它们没有什么区别。（　　）
4. 因为电子的质量很小，它又以极高的速度在原子核外很小的空间内运动，所以，原子核外电子的运动是杂乱无章的。（　　）
5. 氢原子核外只有一个电子层，若这层有两个电子，达到稳定结构，氢原子就变成了氦原子。（　　）

四、问答题

1. 原子核外电子的运动对比普通物体的运动有什么特点？
2. 画出$_{15}P$，$_{18}Ar$，$_{13}Al^{+}$，$_{17}Cl^{-}$的结构示意图。
3. 随着原子序数的递增，原子半径和元素的化合价有什么变化？
4. 元素周期表里共几个周期，几个族？什么是长周期、单周期和不完全周期？什么叫主族、副族？
5. 比较下列各对元素哪一种元素表现出更强的金属性和非金属性？

K 和 Na，B 和 Al，P 和 Cl，O 和 S

6. 根据元素在周期表中的位置，判断下列各组化合物的水溶液，哪个酸性较强，哪个碱性较强？

H_2CO_3 和 H_3BO_3（硼酸），H_3PO_4 和 HNO_3，$Ca(OH)_2$ 和 $Mg(OH)_2$，$Al(OH)_3$ 和 $Mg(OH)_2$

第三章 化学反应速率及化学平衡

研究任何一个化学反应不仅注意其产物的种类，还必须注意两个重要的问题：一是反应进行的快慢，即化学反应速率的问题；二是在一定条件下反应进行的完全程度，即化学平衡的问题。

第一节 化学反应速率

同一反应在不同的条件下，反应速率也可能有很大的差别。有的化学反应进行的很快，瞬间即可完成，如火药爆炸等；有的反应进行得十分缓慢，需要很长时间才能完成，如金属的腐蚀等，我们根据实际需要怎样才能使一个进行比较慢的反应变快或比较快的反应变慢呢？这就涉及化学反应速率的问题。

一、反应速率的表示方法

在化学反应中，随着反应的进行，反应物的浓度不断减小，生成物的浓度不断增大。我们常用单位时间内反应物或生成物浓度的变化表示化学反应速率，用符号 v 表示，单位为 mol/(L·s) 或 mol/(L·min) 或 mol/(L·h)。

例如某一反应物的浓度是 1mol/L，经过 2s 后，其浓度变成 0.8mol/L，该反应物的平均反应速率为

$$v = \frac{1\text{mol/L} - 0.8\text{mol/L}}{2\text{s}} = 0.1\text{mol/(L·s)}$$

需要指出的是，该反应速率实际上是一定时间间隔内的平均反应速率，而不是瞬时反应速率。

二、影响化学反应速率的因素

化学反应速率的快慢，首先应决定于反应物的性质，例如氢和氟在暗处、低温即可发生爆炸反应，而氢和氯则需要在加热或光照的条件才能化合。其次，浓度、温度、压力和催化剂等外界条件对化学反应速率也有较大的影响。

（一）浓度对化学反应速率的影响

【演示实验 3-1】 取两支试管，在第一个试管中加入 5mL 0.1mol/L 的 $Na_2S_2O_3$ 溶液，在第二支试管中加入 2mL 0.1mol/L 的 $Na_2S_2O_3$ 溶液，再加入 3mL 的蒸馏水。然后同时再往两支试管中各加入 5mL 0.1mol/L 的 H_2SO_4，并振荡试管，注意观察哪支试管内先开始出现混浊。

硫代硫酸钠和稀硫酸的反应为：

$$Na_2S_2O_3 + H_2SO_4 \xlongequal{} Na_2SO_4 + H_2O + S\downarrow + SO_2$$

生成的硫单质不溶于水，而使溶液混浊。可利用从溶液混合到出现混浊所需要的时间，来比较反应在不同浓度时的反应速率。

通过上述实验发现第一支试管比第二支试管先出现混浊，这是因为其他的条件都相同，而前者的 $Na_2S_2O_3$ 的浓度大于后者的 $Na_2S_2O_3$ 的浓度。

实验证明，当其他的外界条件都相同时，增大反应物的浓度，反应速率会加快，减少反应物的浓度，反应速率会减慢。

物质之间要发生反应，必须有离子、原子或分子之间的相互碰撞。反应物的浓度越大，单位体积内离子、原子或分子的数目越多，因而它们之间接触碰撞的机会就越多，反应速率也就越快。

（二）压力对化学反应速率的影响

对有气态物质参加的反应，压力影响该反应的速率。在温度相同时，增大压力，气体的体积减小，单位体积内气体的分子数目增多，即气体的浓度增大，因而反应速率加快。反之，降低压力，气态物质的浓度会减小，反应速率减慢。

如果参加反应的物质是溶液或固体时，由于改变压力对它们的浓度改变极小，因此可认为压力与它们的反应速率无关。

（三）温度对化学反应速率的影响

【演示实验 3-2】取两支试管，分别加入 5mL 0.1mol/L 的 $Na_2S_2O_3$ 溶液，再将两支试管分别插入到热水和冷水中，另取两支试管分别加入 5mL 0.1mol/L 的 H_2SO_4，再同时分别倒入前两个试管中，观察实验现象。

实验表明，插在热水中的试管首先出现混浊，说明温度升高，能加快反应速率。

大量实验证明，温度每升高 10K，反应速率大约增加到原来的 2～4 倍。例如，钢铁的氧化速率，常温时很缓慢；在加热到 573K 时可看到表面有氧化膜出现；到 873K 时钢铁表面很快就有一层氧化皮生成。

一般，升高温度，反应速率增大；降低温度，反应速率减小。

（四）催化剂对化学反应速率的影响

凡能改变反应速率而其本身的组成、化学性质和质量在反应前后保持不变的物质称为催化剂。

【演示实验 3-3】取两支试管 1 和 2，各加入 5mL 3% 的 H_2O_2 溶液，再往 2 号试管中加入少量的二氧化锰，观察实验现象。

实验发现，1 号试管中气泡产生的慢而且少，而 2 号试管中很快有气泡生成。这是因为二氧化锰加快了过氧化氢的分解速率，故对该反应有催化作用。

$$2H_2O_2 \xlongequal{\quad} 2H_2O + O_2\uparrow$$

像这种有催化剂参加的反应叫做催化反应。在催化剂的作用下，反应速率发生改变的现象叫做催化作用。

催化作用在一些化工生产中具有十分重要的意义。例如，合成氨的反应中，即使在较高温度下，反应速率仍然十分缓慢，工业上没有使用价值，但以铁为催化剂，则反应速率大大加快，使得工业合成氨有了现实性。

有的物质能延缓某些反应的反应速率，如橡胶中的防老化剂，这类物质称为阻化剂

(曾称为负催化剂)。能加快反应速率的称为正催化剂，如果没有特殊说明，都是指正催化剂。

催化剂只能改变反应速率，不能使原来不发生反应的物质发生反应。

固体催化剂只在其表面上起作用。为了降低成本，充分发挥催化剂的利用率，常常将催化剂分散附着在表面积大的多孔惰性物质上，这种物质叫做载体。常用的载体有硅胶、活性炭、氧化铝等等。

催化活性的主体称为主催化剂。有的物质本身无催化活性或催化活性很小，但加入后可提高主催化剂的活性或寿命，这种物质称为助催化剂。

催化剂是有选择性的。不同的反应需要选择不同的催化剂。如合成氨反应需要用铁作催化剂；同一反应选用不同的催化剂，可进行不同的反应，如以水煤气为原料，用铜作催化剂可得甲醇，用镍作催化剂可得甲烷。

催化剂有用量少、大幅度地改变反应速率等优点，但遇到某些物质会降低或失去催化作用，这种现象叫做催化剂的中毒。因此，在使用催化剂时需要对反应物进行必要的针对性处理，用以除去某些使催化剂中毒的物质。

第二节　化学平衡

一、可逆反应与化学平衡

各种化学反应中，反应物转化为生成物的程度有所不同。有些反应几乎能进行到底，即在密闭容器中，反应物全部转化为生成物，例如 $KClO_3$ 的分解反应：

$$2KClO_3 \xrightarrow[\triangle]{MnO_2} 2KCl + 3O_2 \uparrow$$

反应逆向进行的趋势很小，即 KCl 和 O_2 不能生成 $KClO_3$，像这种几乎只能向一个方向进行“到底”的反应叫做不可逆反应。但大多数反应是可逆的。例如在一定条件下，氢气和碘蒸气反应生成气态的碘化氢。

$$H_2 + I_2 = 2HI$$

气态的碘化氢也能分解成氢气和碘蒸气。

$$2HI = H_2 + I_2$$

上述的两个反应同时发生，并且方向相反，可写成下列形式：

$$H_2 + I_2 \rightleftharpoons 2HI$$

这种在同一条件下，能同时向正、反两个方向进行的反应叫做可逆反应。用“$\rightleftharpoons$”来代替化学方程式中的“$=$”，通常，把从左向右进行的反应叫做正反应；把从右向左进行的反应叫做逆反应。

可逆反应在同一密闭容器中，任何一个方向的反应都不能进行到底。例如，合成氨的可逆反应：

$$3H_2+N_2 \rightleftharpoons 2NH_3$$

在 873K 和 2.0205×10^7Pa 下将体积比为 1∶3 的氮、氢的混合气体密闭于有催化剂的容器中进行反应，当混合气体中的氨达到 9.2%，未反应的氮气、氢气为 90.8% 时，反应

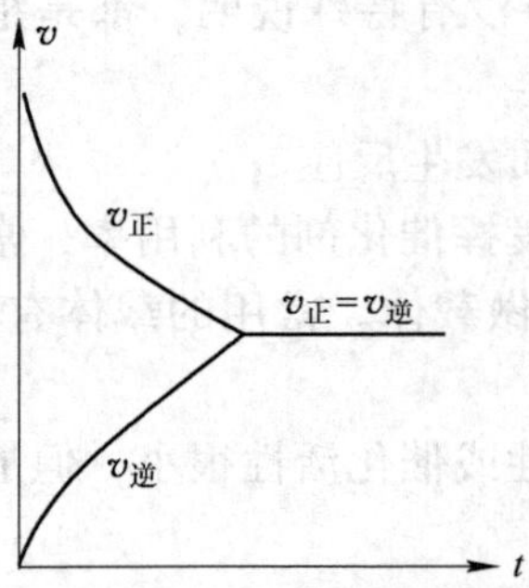

图 3-1 正、逆反应速率随时间变化

似乎停顿了。这是因为存在逆反应。开始反应时，氮、氢的浓度大，正反应速率（$v_{正}$）快，逆反应速率（$v_{逆}$）为零，但是，一旦生成了氨逆反应随即发生。随着反应的进行，氢、氮的浓度逐渐降低，氨的浓度逐渐增大，则正反应速率逐渐减慢，逆反应速率逐渐加快，到最后正逆反应速率达到相等。即单位时间内，由氮、氢合成氨分子数等于在单位时间内氨分解为氮、氢的氨分子数。在此时，反应体系中各物质不再发生变化，则正逆反应达到了平衡状态（见图 3-1）。

可逆反应进行到正、逆反应速率相等时的状态叫做化学平衡。化学平衡的特征：在外界条件不变时，反应体系中各物质的浓度不再改变。无论反应从正、逆哪个方向趋向平衡，结果都是一样。

需要强调的是：当反应体系处于平衡状态时，反应并没有停止，而是以正、逆反应相等的速率进行着，因此，化学平衡是一个动态平衡。

二、平衡常数

化学平衡实际上是在研究可逆反应进行的程度问题。我们常用平衡常数来定量的表示化学反应进行的程度。

（一）实验平衡常数

当反应达到平衡时，反应物或生成物的浓度或分压不再改变。经大量的实验，人们归纳总结了作为平衡特征的实验平衡常数。

例如，对于可逆反应：

$$CO + H_2O(g) \rightleftharpoons CO_2 + H_2$$

实验证明，体系达到化学平衡时，CO_2 的平衡浓度与 H_2 的平衡浓度的乘积和 CO 的平衡浓度与 H_2O（g）的平衡浓度的乘积的比值是一个常数，即

$$常数 = \frac{c_{CO_2} \cdot c_{H_2}}{c_{CO} \cdot c_{H_2O}}$$

大量的实验证明，在一定温度下，对于任何可逆反应：

$$mA + nB \rightleftharpoons pC + qD$$

达到化学平衡时，生成物浓度幂的乘积与反应物浓度幂的乘积的比值是一个常数。这个常数叫化学平衡常数，简称平衡常数。平衡常数 K_c 的表达式为：

$$K_c = \frac{c_C^p \cdot c_D^q}{c_A^m \cdot c_B^n}$$

需要注意，在平衡常数表达式中，不包括纯液体或固体物质，只包括气体和溶液的浓度。例如：

$$CO_2(g) + C(s) \rightleftharpoons 2CO(g) \qquad K_c = \frac{c_{CO}^2}{c_{CO_2}}$$

$$CaCO_3(s) \rightleftharpoons CaO(s) + CO_2(g) \qquad K_c = c_{CO_2}$$

（二）标准平衡常数

K_c 是量纲不为 1 的量，且随反应不同量纲也不同，这给平衡计算带来了很多麻烦，因此引入标准平衡常数。

标准平衡常数在热力学中最常用，用 $K^{\ominus}$ 表示，对于一般的可逆反应达到平衡时：

$$mA + nB \rightleftharpoons pC + qD$$

其标准平衡常数表达式为：

$$K^{\ominus} = \frac{(c_C/c^{\ominus})^p \cdot (c_D/c^{\ominus})^q}{(c_A/c^{\ominus})^m \cdot (c_B/c^{\ominus})^n}$$

在标准常数 $K^{\ominus}$ 的表达式中，各物质的平衡浓度除以相应的标准状态浓度 $c^{\ominus}$，即得到物质的相对浓度，用方括号 [ ] 表示。按规定和惯例，$c^{\ominus}$ 取 1mol/L，标准平衡常数为量纲一的量。故上式可表示为：

$$K^{\ominus} = \frac{[C]^p[D]^q}{[A]^m[B]^n}$$

平衡常数具有以下性质：

（1）平衡常数是可逆反应的特征常数。表示在一定条件下，可逆反应进行的程度。平衡常数的数值越大，表明正反应趋势越大，即反应物转化为生成物的程度越大；反之，平衡常数的数值越小，反应物转化为生成物的程度越小。所以，平衡常数的大小是在一定温度下，化学反应可能进行的最大限度的量度。

（2）平衡常数只与温度有关。与浓度、压力等无关。温度改变，平衡常数就发生变化。

三、化学平衡移动原理

平衡是相对的，如果外界条件发生改变，使正逆反应速率产生相对的差别，平衡就被破坏。当正逆反应速率再次达到相等时，反应在新的条件下，又会建立新的平衡。因为外界条件的改变，使化学反应由原来的平衡状态转变为新的平衡状态的过程，称为化学平衡的移动。新平衡状态的体系中，各物质的浓度已不同于原平衡状态下的浓度。

（一）浓度对化学平衡的影响

【演示实验 3-4】 向盛有 20mL 水的烧杯中滴加 0.1mol/L $FeCl_3$ 溶液和 0.1mol/L KSCN 溶液各 10 滴，摇匀，可观察溶液颜色呈现红色。然后将反应的混合物分成三份：第一份保持不变；向第二份中加少量的 KSCN 溶液，振荡试管，并与第一份进行比较；向第三份中加入少量 KCl 溶液，振荡试管，并与第一份进行比较。

实验表明，第二份与第一份相比，红色加深；第三份与第一份相比，红色变淡。

大量的实验证明，当可逆反应达到平衡时，改变反应物或生成物的浓度，都会引起平衡的改变。即当其他条件不变时，增大反应物的浓度（减小生成物的浓度），平衡会向增大生成物浓度的方向移动；增大生成物的浓度（减小反应物的浓度），平衡会向增大反应物浓度的方向移动。

（二）压力对化学平衡的影响

【演示实验 3-5】 用注射器吸入 NO_2 和 N_2O_4 的混合气体后，用橡皮塞对细管端进行封闭。NO_2（红棕色）和 N_2O_4（无色）在一定条件下，达到平衡状态：

$$\underset{\text{红棕色}}{2NO_2(g)} \rightleftharpoons \underset{\text{无色}}{N_2O_4(g)}$$

若将针管活塞向外拉，则管内体积变大，气体压力减小，混合气体颜色逐渐变深。平衡向左移动，即向气体的物质的量增大的方向移动，也就是气体体积增大的方向移动；若将针管活塞向里推，则管内体积变小，气体压力增大，混合气体颜色逐渐变浅。平衡向右移动，即向气体的物质的量减小的方向移动，也就是气体体积减小的方向移动。

结论：在其他条件不变时，增大压力会使化学平衡向气体体积分子总数减小的方向移动；减小压力会使化学平衡向气体体积分子总数增大的方向移动。

有些可逆反应，反应前后气态物质的总体积没有发生变化，如：

$$CO + H_2O(g) \rightleftharpoons CO_2 + H_2$$

反应前后，气体总体积数都为2，在这种情况下，增大或减小压力，不能使化学平衡发生移动。没有气体参加的可逆反应，因为压力对体积的影响甚微，所以改变压力，平衡几乎不发生移动。

（三）温度对化学平衡的影响

化学反应总是伴随热量变化的。如果可逆反应正反应为吸热的，其逆反应就为放热的。

【演示实验3-6】将 NO_2 平衡仪的两端分别置于盛有热水和冷水分烧杯中（图3-2），观察气体颜色的变化。

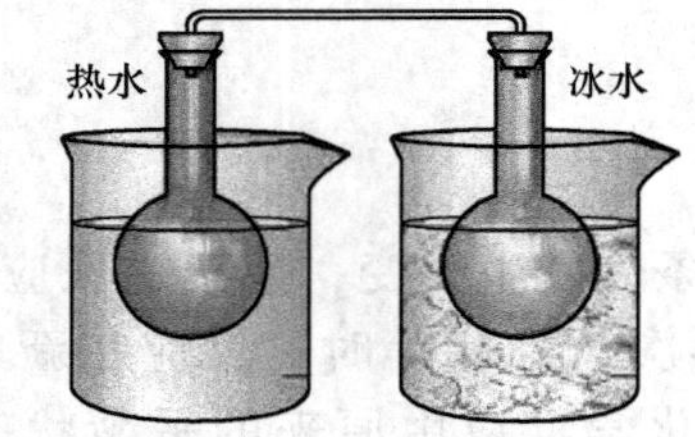

图3-2 温度对化学平衡的影响

实验观察可得，热水中球内的颜色变深，说明升高温度，平衡向 NO_2 浓度增大的方向移动（吸热的方向），冷水中球内的颜色变浅，说明降低温度，平衡向 N_2O_4 浓度增大的方向移动（放热的方向）。

总之，在其他条件不变时，升高温度，平衡就会向吸热反应的方向移动，降低温度，平衡就会向放热反应的方向移动。

（四）催化剂对化学平衡的影响

催化剂能同等程度的改变正逆反应的速率，但对化学平衡的移动没有影响。如果使用了合适的催化剂，会大大缩短反应达到平衡所需要的时间。所以，化工生产中，广泛的应用催化剂提高产量。

综合浓度、压力、温度等条件对化学平衡移动的影响，可得到一条普遍的规律：当可逆反应达到平衡后，假如改变影响平衡的条件之一，如浓度、温度或压力，平衡就向能减弱这种改变的方向移动。这个规律称为勒沙特列（H. L. Le Chatelier，法国化学家）原理，又叫做平衡移动原理。

本章小结

1. 化学反应速率

化学反应速率：单位时间内反应物或生成物浓度的变化。用符号 v 表示，单位 mol/(L·s) 或 mol/(L·min) 或 mol/(L·h)。

影响化学反应速率的因素，首先应决定于反应物的性质，其次，浓度、温度、压力和催化剂等外界条件对化学反应速率也有较大的影响。

2. 化学平衡

(1) 化学平衡的特征：

1) 正、逆反应速率相等；

2) 反应物和生成物的浓度不再变化；

3) 化学平衡是有条件的动态平衡。

(2) 平衡常数

在一定温度下，对于任何可逆反应：

$$mA + nB \rightleftharpoons pC + qD$$

达到化学平衡时，生成物浓度幂的乘积与反应物浓度幂的乘积的比值是一个常数。这个常数叫化学平衡常数，简称平衡常数。平衡常数 K_c 的表达式为：

$$K_c = \frac{c_C^p \cdot c_D^q}{c_A^m \cdot c_B^n}$$

K_c 是量纲不为 1 的量，且随反应不同量纲也不同，这给平衡计算带来了很多麻烦，因此引入标准平衡常数。

$$K^{\ominus} = \frac{[C]^p[D]^q}{[A]^m[B]^n}$$

3. 化学平衡的移动

因为外界条件的改变，使化学反应由原来的平衡状态转变为新的平衡状态的过程，称为化学平衡的移动。

浓度、温度、压力外界条件的改变能引起平衡的移动。

催化剂能同等程度的改变正逆反应的速率，但对化学平衡的移动没有影响，会大大缩短反应达到平衡所需要的时间。

章节测试

1. 下列关于化学反应速率的说法中，正确的是（　　）。

A. 化学反应速率通常表示一定时间内任何一种反应物物质的量的减少或任何一种生成物物质的量的增加

B. 化学反应速率为 0.8mol/(L·s) 是指 1 秒钟时某物质的浓度为 0.8mol/L

C. 根据化学反应速率的大小可以知道化学反应进行的快慢

D. 对于任何化学反应来说，反应速率越快，反应现象就越明显

2. 对于反应：$4NH_3(g)+5O_2(g) \rightleftharpoons 4NO(g)+6H_2O(g)$，下列为四种不同情况下测得的反应速率，其中能表明该反应进行最快的是（　　）。

A. $v_{NH_3}=0.2mol/(L\cdot s)$ B. $v_{O_2}=0.24mol/(L\cdot s)$

C. $v_{H_2O}=0.25mol/(L\cdot s)$ D. $v_{NO}=0.15mol/(L\cdot s)$

3. 在一定温度下，一定体积的密闭容器中有如下平衡：$H_2(g)+I_2(g)\rightleftharpoons 2HI(g)$，已知 H_2 和 I_2 的起始浓度均为0.1mol/L时，达平衡时HI的浓度为0.16mol/L。若 H_2 和 I_2 的起始浓度均变为0.2mol/L，则平衡时 H_2 的浓度（mol/L）是（　　）。

A. 0.32 B. 0.16 C. 0.08 D. 0.04

4. 已知：$C(s)+CO_2(g)\rightleftharpoons 2CO(g)+Q$。该反应达到平衡后，下列条件有利于反应向正方向进行的是（　　）。

A. 升高温度和减小压强 B. 降低温度和减小压强

C. 降低温度和增大压强 D. 升高温度和增大压强

5. 在2L的密闭容器中，发生 $3A(g)+B(g)\rightleftharpoons 2C(g)$ 的反应，若最初加入A和B都是4mol，A的化学反应速率为 $0.12mol/(L\cdot s)$，则10秒后容器中B的物质的量为（　　）。

A. 2.8mol B. 1.6mol C. 3.2mol D. 3.6mol

6. $Fe_3O_4(s)+4H_2\rightleftharpoons 3Fe(s)+4H_2O(g)$ 的平衡常数表达式 $K=$________。

7. 已知 $A(g)+B(g)\rightleftharpoons C(g)+D(g)$ 反应的平衡常数和温度的关系如下：

温度/℃	700	800	830	1000	1200
平衡常数	1.7	1.1	1.0	0.6	0.4

（1）该反应的平衡常数表达式 $K=$________，该反应为________（吸热或放热）反应。

（2）830℃时，向一个5L的密闭容器中充入0.20mol的A和0.80mol的B，如反应初始6s时A的浓度 $c(A)=0.022mol/L$，则A的化学反应速率为________，A的转化率为________，C的物质的量为________。

（3）1200℃时反应 $C(g)+D(g)\rightleftharpoons A(g)+B(g)$ 的平衡常数的值为________。

（4）800℃时，放入A、B、C、D其物质的量分别为：0.01mol、0.01mol、0.01mol、0.01mol。反应向________（填“正反应”或“逆反应”）方向进行，其依据是________。

8. 对于可逆反应 $A(g)+2B(g)\rightleftharpoons 2C(g)$，在2L的密闭容器中充入4mol的A和6mol的B，且B的转化率为60%，求标准平衡常数。

第四章　电解质溶液及离子平衡

第一节　电解质的解离

一、强电解质和弱电解质

酸、碱、盐都是电解质，它们的水溶液或熔化时能解离出自由移动的离子，因而能够导电。而蔗糖、酒精等物质都是非电解质，它们在水溶液或熔化状态下都不能解离，因而都不导电。

那么电解质的导电能力是否一样呢？

【演示实验 4-1】 按图 4-1 连接烧杯中的电源、电极和灯泡，观察各灯泡的明亮程度。

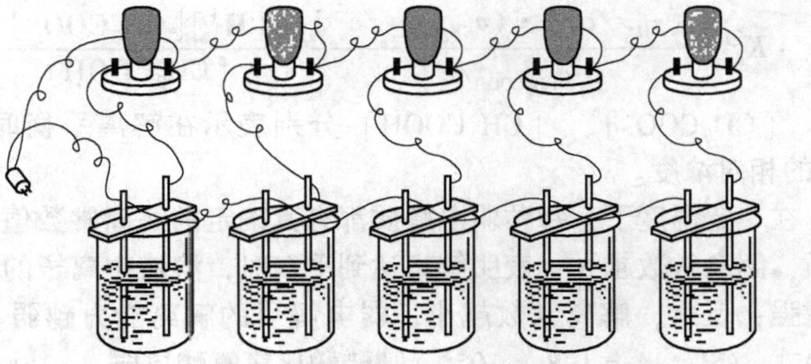

图 4-1　几种电解质溶液的导电能力测试

从灯泡的明亮程度可知，盐酸、氢氧化钠和氯化钠的导电能力强，而醋酸、氨水溶液的导电能力就弱。

电解质溶液之所以能导电，是因为溶液中有能自由移动的离子存在，而溶液导电能力的强弱与溶液中能自由移动的离子的多少有关，即同浓度的溶液中，离子数目越多，其导电能力越强；反之就越弱。这说明电解质在溶液中解离的程度是不同的。

电解质的强弱与其分子结构有关。我们可将电解质相对的分为强电解质和弱电解质。

在水溶液或熔融状态下能完全解离成离子的电解质称为强电解质。强酸（如盐酸、硫酸等）、强碱（如氢氧化钠、氢氧化钾等）和大多数的盐都属于强电解质。强电解质的解离用单向箭头“→”表示其完全解离成离子。例如：

$$NaOH \longrightarrow Na^+ + OH^-$$

在水溶液中仅能部分解离的电解质称为弱电解质。弱酸（醋酸等）、弱碱（氨水等）都属于弱电解质。弱电解质的解离用可逆号“⇌”表示其部分解离。例如：

$$CH_3COOH \rightleftharpoons H^+ + CH_3COO^-$$

二、弱电解质的解离平衡

（一）解离平衡

弱电解质在水溶液中，虽受到水分子的作用，但只有少部分分子解离成离子。解离生成离子又会重新结合成分子，因此它们的解离是一个可逆的过程。例如醋酸在水溶液中的解离可表示为：

$$CH_3COOH \rightleftharpoons H^+ + CH_3COO^-$$

在一定条件下，当弱电解质的分子解离成离子的速率等于离子重新结合成分子的速率时，未解离的分子和离子间就达到了平衡状态，叫做解离平衡。

（二）解离常数

弱电解质达到解离平衡时，分子解离成离子的过程和离子结合成分子的过程仍在进行，而两者的速率相等。这时，未解离的分子的浓度与已解离的各种离子的浓度不再改变。

在一定温度下，当弱电解质解离达到平衡时，离子浓度的乘积与未解离的分子浓度之比是个常数，称为解离平衡常数，简称解离常数，用符号“$K_i^{\ominus}$”表示。但用符号 $K_a^{\ominus}$ 泛指弱酸，用符号 $K_b^{\ominus}$ 泛指弱碱。例如醋酸的解离常数表达式可表示为：

$$K_a^{\ominus} = \frac{(c_{H^+}/c^{\ominus}) \cdot (c_{CH_3COO^-}/c^{\ominus})}{c_{CH_3COOH}/c^{\ominus}} = \frac{[H^+][CH_3COO^-]}{[CH_3COOH]}$$

式中，$[H^+]$、$[CH_3COO^-]$、$[CH_3COOH]$ 分别表示在解离平衡时 H^+、CH_3COO^- 和 CH_3COOH 分子的相对浓度。

实验测定，在一定温度下，每种弱电解质都有其确定的解离常数值。对于同类型、同浓度的弱电解质，解离常数越大，表明解离达到平衡时，溶液中离子的浓度越大，弱电解质的解离能力越强；反之，解离常数越小，弱电解质的解离能力越弱。例如在 298K 时，$K_{HF}^{\ominus} = 3.53 \times 10^{-4}$，$K_{CH_3COOH}^{\ominus} = 1.8 \times 10^{-5}$，则醋酸比氢氟酸更弱。

第二节　离子反应和离子方程式

一、离子反应和离子方程式

在溶液中电解质全部或部分地解离成离子，所以在溶液中电解质发生化学反应的实质是解离出离子之间的反应，这类反应称为离子反应。

离子反应的表示方法是离子方程式。例如 Na_2SO_4 溶液与 $BaCl_2$ 溶液反应。

$$BaCl_2 + Na_2SO_4 = BaSO_4\downarrow + 2NaCl$$

把易溶于水、易解离的物质写成离子形式，把难溶的物质仍写成化学式。可写成下式：

$$Ba^{2+} + 2Cl^- + 2Na^+ + SO_4^{2-} = BaSO_4\downarrow + 2Na^+ + 2Cl^-$$

删去方程式两边相同数量的同种离子。可得到：

$$Ba^{2+} + SO_4^{2-} = BaSO_4\downarrow$$

上式表明，Na_2SO_4 溶液与 $BaCl_2$ 溶液反应实际上参与反应的是 Ba^{2+} 和 SO_4^{2-}。像这样用实际参加反应的离子符号来表示化学反应的式子叫离子方程式。任何可溶性的钡盐和硫酸或可溶性的硫酸盐之间的反应，都可用这个离子方程式来表示。由此可见，离子方程式与一般的化学方程式不同，它不仅表示物质间的某个反应，还表示所有同一类型的离子反应。综上所述，可得离子方程式的书写步骤（以 $CaCO_3$ 和 HCl 的反应为例）：

（1）写出正确的化学方程式：

$$CaCO_3 + 2HCl \xlongequal{\quad} CaCl_2 + CO_2\uparrow + H_2O$$

（2）把易溶于水、易电离的物质写成离子形式，把难溶的物质、气体、单质、水及氧化物等仍写成化学式。可改写为：

$$CaCO_3 + 2H^+ + 2Cl^- \xlongequal{\quad} Ca^{2+} + 2Cl^- + H_2O + CO_2\uparrow$$

（3）删去未参加反应的离子。即方程式两边相同数量的同种离子。可得到：

$$CaCO_3 + 2H^+ \xlongequal{\quad} Ca^{2+} + H_2O + CO_2\uparrow$$

（4）检查方程式两边各元素的原子个数和电荷总代数和是否相等。

按照以上四个步骤，就可以正确地写出离子方程式了。

二、离子反应发生的条件

在溶液中离子反应是有条件的，例如氯化钠和硝酸钾溶液相混合：

$$NaCl + KNO_3 \xlongequal{\quad} NaNO_3 + KCl$$

$$Cl^- + Na^+ + NO_3^- + K^+ \xlongequal{\quad} Cl^- + Na^+ + NO_3^- + K^+$$

实际上，Cl^-、Na^+、NO_3^-、K^+四种离子都没参与反应。由此可见若反应物和生成物都是易解离的强电解质，在溶液中均以离子的形式存在，就不可能产生新物质，因此，没有发生离子反应。

溶液中发生离子反应的条件如下：

（1）生成难溶物。例如，硝酸银溶液和盐酸的反应。

$$AgNO_3 + HCl \xlongequal{\quad} AgCl\downarrow + HNO_3$$

离子方程式： $Ag^+ + Cl^- \xlongequal{\quad} AgCl\downarrow$

（2）生成易挥发的物质。例如，碳酸钙与盐酸的反应。

$$CaCO_3 + 2HCl \xlongequal{\quad} CaCl_2 + CO_2\uparrow + H_2O$$

离子方程式： $CaCO_3 + 2H^+ \xlongequal{\quad} Ca^{2+} + H_2O + CO_2\uparrow$

（3）生成水或其他弱电解质。例如，盐酸与氢氧化钠溶液反应。

$$NaOH + HCl \xlongequal{\quad} NaCl + H_2O$$

离子方程式： $H^+ + OH^- \xlongequal{\quad} H_2O$

这个离子方程式也说明了酸碱中和反应的实质是 H^+和 OH^-结合生成水。

又如醋酸钠和盐酸的反应：

$$CH_3COONa + HCl \xlongequal{\quad} CH_3COOH + NaCl$$

$$H^+ + CH_3COO^- \xlongequal{\quad} CH_3COOH$$

总之，只需具备了上述三个条件之一，离子反应就能进行。

总的来说，离子反应总是朝着溶液中离子浓度减少的方向进行。

第三节 水的解离和溶液 pH 值

我们通常认为水是不导电的，但如果用精密的仪器检验，就会发现水也有微弱的导电性，说明纯水也有微弱的电离，因此水是极弱的电解质。

一、水的离子积常数

由水的电导实验测得，在 298K 时，1L 纯水中约有 1×10^{-7}mol 的 OH^- 和 1×10^{-7}mol 的 H^+。水的解离式为：

$$H_2O \rightleftharpoons H^+ + OH^-$$

达到解离平衡时：

$$K^{\ominus}_{H_2O} = \frac{[H^+][OH^-]}{[H_2O]}$$

1L 纯水中，其物质的量为 55.4mol，而其中仅有 1×10^{-7}mol 的 H_2O 发生解离，其量微乎其微，可忽略不计。因此在解离前后，水的浓度不变，可看成常数，所以上式可改写为：

$$K^{\ominus}_{H_2O}[H_2O] = [H^+][OH^-]$$

因 $K^{\ominus}_{H_2O}$ 为水的解离常数，$[H_2O]$ 也是个常数，所以相乘后仍是常数，记为 $K^{\ominus}_w$，得：

$$K^{\ominus}_w = [H^+][OH^-]$$

由于 $[H^+] = [OH^-] = 1\times10^{-7}$，则：

$$K^{\ominus}_w = 1\times10^{-7}\times1\times10^{-7} = 1\times10^{-14}$$

上式表明，在一定的温度下，纯水中 H^+ 的浓度和 OH^- 的浓度的乘积是一个常数。称为水的离子积常数，简称水的离子积，用符号 $K^{\ominus}_w$ 表示。水的离子积会随温度的变化而变化，但在常温范围内，一般都以 $K^{\ominus}_w = 1\times10^{-14}$ 进行计算。

二、溶液的酸碱性和 pH 值

实验证明，水的离子积不仅适用于纯水中，也同样适用于其他稀的电解质溶液中。如果已知溶液中的 $[H^+]$，就可以计算出 $[OH^-]$；反之，已知溶液中的 $[OH^-]$，就可以计算出 $[H^+]$。例如往纯水中加入少量的盐酸，使 $c_{H^+}=0.1$mol/L，即 $[H^+]=0.01$，则

$$[OH^-] = \frac{1\times10^{-14}}{[H^+]} = \frac{1\times10^{-14}}{0.01} = 1\times10^{-12}$$

若往纯水中加入少量的氢氧化钠，使 $c_{OH^-} = 0.01$mol/L，即 $[OH^-]=0.01$，则

$$[H^+] = \frac{1\times10^{-14}}{[OH^-]} = \frac{1\times10^{-14}}{0.01} = 1\times10^{-12}$$

很显然，酸溶液中不仅存在 H^+，也存在 OH^-，只是浓度很小，碱溶液不仅存在 OH^-，也存在 H^+，浓度很小。溶液的酸碱性，决定于 $[H^+]$ 和 $[OH^-]$ 的相对大小，在常温下：

酸性溶液　$[H^+]>[OH^-]$　　$[H^+]>1\times10^{-7}$；

碱性溶液　$[H^+]<[OH^-]$　　$[H^+]<1\times10^{-7}$；

中性溶液　$[H^+]=[OH^-]$　　$[H^+]=1\times10^{-7}$。

所以，可以用氢离子浓度表示溶液的酸碱性。在酸性溶液中，$[H^+]$ 越大，溶液的酸性越强，反之，酸性越弱。而在碱性溶液中，$[H^+]$ 越小，碱性越强，反之，碱性越弱。

在稀溶液中，由于 $[H^+]$ 的数值很小，计算和应用时很不方便，所以，在化学上采用 $[H^+]$ 的负对数即 pH 值来表示溶液的酸碱性。

$$pH=-\lg[H^+]$$

当 $c_{H^+}=1mol/L$ 时，pH=0；当 $c_{H^+}=0.01mol/L$ 时，pH=2。

常温下：酸性溶液　$[H^+]>1\times10^{-7}mol/L$　pH<7；

碱性溶液　$[H^+]<1\times10^{-7}mol/L$　pH>7；

中性溶液　$[H^+]=1\times10^{-7}mol/L$　pH=7。

pH 值越小，$[H^+]$ 越大，溶液的酸性越强；pH 值越大，$[H^+]$ 越小，而 $[OH^-]$ 越大，溶液的碱性越强（图 4-2）。

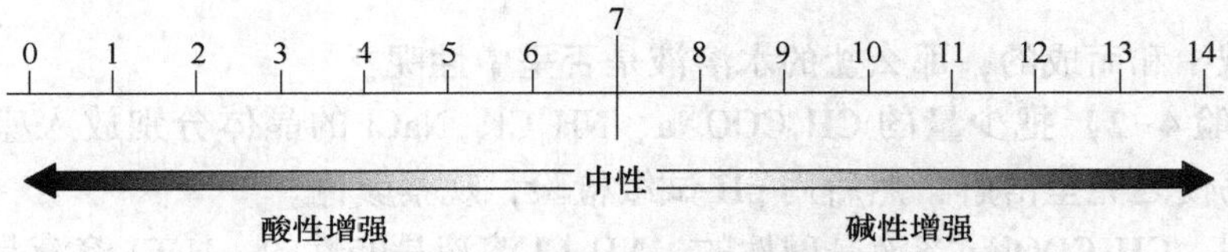

图 4-2　pH 值与溶液酸碱性的关系

当 $[H^+]>1$，即 pH<0，或 $[OH^-]>1$，即 pH>14 时，不用 pH 值而直接使用氢离子浓度或氢氧根离子浓度来表示反而更为方便，即 pH 值的适用范围是 0～14。

下面举例说明 pH 值的计算。

【例 4-1】 计算 0.02mol/L 的 HCl 溶液的 pH 值。

解：盐酸是强电解质，在水溶液中全部解离为 H^+ 和 Cl^-，所以溶液中 $c_{H^+}=0.02mol/L$。

$$pH=-\lg[H^+]=-\lg0.02=1.70$$

答：0.02mol/L 的 HCl 溶液的 pH 值为 1.70。

【例 4-2】 计算 0.02mol/L CH_3COOH 溶液的 pH 值。已知 $K^{\ominus}_{CH_3COOH}=1.8\times10^{-5}$。

解：CH_3COOH 为弱电解质，在水溶液中部分解离。

$$CH_3COOH \rightleftharpoons H^+ + CH_3COO^-$$

根据近似计算公式，$[H^+]=\sqrt{K^{\ominus}_a c_a}$ 先计算 0.02mol/L CH_3COOH 溶液的 $[H^+]$。

$$[H^+]=\sqrt{K^{\ominus}_a c_a}=\sqrt{1.8\times10^{-5}\times0.02}=6\times10^{-4}$$

$$pH=-\lg[H^+]=-\lg(6\times10^{-4})=3.22$$

答：0.02mol/L CH_3COOH 溶液的 pH 值为 3.22。

从以上两个例题可以看出，同浓度的盐酸和醋酸溶液，由于前者是强酸，后者是弱酸，所以盐酸的酸性大于醋酸，则前者的 pH 值小于后者，pH 值越小，说明酸性越强。

知识拓展

溶液的 pH 值在化工生产和科研中有广泛的应用。例如：分析化学、一些有机化学反应等均需要控制一定的 pH。通常用 pH 试纸或酸碱指示剂粗略地测定溶液的 pH。精确测定可用电学仪器。

酸碱指示剂是以颜色的改变来指示溶液的酸碱性的物质。它们能在不同氢离子浓度中显示不同的颜色。根据显示的颜色可判断溶液的 pH 值。

pH 试纸则是用浸入变色范围不同的指示剂混合液的试纸。使用时，将待测液滴在试纸上，pH 试纸会显现出颜色，在将其与标准比色板比较，即可确定溶液的 pH 值。

第四节 盐类的水解

一、盐类的水解

盐是酸碱中和而成的，那么盐的水溶液是否呈中性呢？

【演示实验 4-2】 把少量的 CH_3COONa、NH_4Cl、NaCl 的晶体分别放入盛有蒸馏水的烧杯中，震荡使之完全溶解，然后用 pH 试纸检验，观察颜色。

实验证明，CH_3COONa 溶液是碱性的，NH_4Cl 溶液是酸性的，NaCl 溶液是中性的。这是为什么呢？因为在某些盐溶液中，组成盐的离子能与水解出来的少量的 H^+ 和 OH^- 发生反应，生成弱电解质，使得溶液中 H^+ 和 OH^- 的浓度不相等，盐溶液便呈现出一定的酸碱性。像这样盐的离子与溶液中水解离出来的 H^+ 和 OH^- 作用而生成弱电解质的反应，叫做盐的水解。

（一）强碱和弱酸所生成的盐水解

演示实验 4-2 中 CH_3COONa 是由强碱（NaOH）和弱酸（CH_3COOH）反应所生成的盐。它在水溶液中存在如下解离：

$$CH_3COONa \longrightarrow Na^+ + CH_3COO^-$$
$$+$$
$$H_2O \rightleftharpoons OH^- + H^+$$
$$\Updownarrow$$
$$CH_3COOH$$

由于 CH_3COO^- 与水解离出来的 H^+ 结合生成弱电解质 CH_3COOH，破坏了水的解离平衡，溶液中［H^+］不断减少，促使水继续解离，结果，［OH^-］相对增大。另一方面，随 CH_3COOH 分子的不断生成，H^+ 和 CH_3COO^- 建立起新的解离平衡。直至溶液中［H^+］不再减少，［OH^-］不再增大，结果，［H^+］<［OH^-］。这是 CH_3COONa 水解呈碱性的原因，即强碱弱酸盐水解呈碱性。

可用离子方程式表示：

$$CH_3COO^- + H_2O \rightleftharpoons OH^- + CH_3COOH$$

（二）强酸和弱碱所生成的盐水解

演示实验4-2中NH_4Cl由强酸（HCl）和弱碱（$NH_3 \cdot H_2O$）反应所生成的盐。它在水溶液中存在如下解离：

$$\begin{array}{ccc} NH_4Cl \longrightarrow & NH_4^+ & + Cl^- \\ & + & \\ H_2O \rightleftharpoons & OH^- & + H^+ \\ & \Updownarrow & \\ & NH_3 \cdot H_2O & \end{array}$$

由于NH_4^+与水解离出来的OH^-结合生成弱电解质$NH_3 \cdot H_2O$，破坏了水的解离平衡，溶液中［OH^-］不断减少，促使水继续解离，结果，［H^+］相对增大。另一方面，随$NH_3 \cdot H_2O$的不断生成，NH_4^+和OH^-建立起新的解离平衡。直至溶液中［OH^-］不再减少，［H^+］不再增大，结果，［H^+］>［OH^-］。这是NH_4Cl水解呈酸性的原因，即强酸弱碱盐水解呈酸性。

可用离子方程式表示：

$$NH_4^+ + H_2O \rightleftharpoons NH_3 \cdot H_2O + H^+$$

（三）弱酸和弱碱所生成的盐水解

以醋酸铵（CH_3COONH_4）为例，CH_3COONH_4是由弱酸（CH_3COOH）和弱碱（$NH_3 \cdot H_2O$）反应所生成的盐。它在水溶液中存在如下解离：

$$\begin{array}{cccc} CH_3COONH_4 \longrightarrow & NH_4^+ & + & CH_3COO^- \\ & + & & + \\ H_2O \rightleftharpoons & OH^- & + & H^+ \\ & \Updownarrow & & \Updownarrow \\ & NH_3 \cdot H_2O & & CH_3COOH \end{array}$$

水解的离子方程式为：

$$NH_4^+ + CH_3COO^- + H_2O \rightleftharpoons NH_3 \cdot H_2O + CH_3COOH$$

在水溶液中，NH_4^+、CH_3COO^-分别与OH^-、H^+结合生成弱电解质$NH_3 \cdot H_2O$和CH_3COOH，所以水解很强烈。由于生成的弱电解质$NH_3 \cdot H_2O$的碱性（$K^\ominus_{NH_3 \cdot H_2O} = 1.8 \times 10^{-5}$）和$CH_3COOH$的酸性($K^\ominus_{CH_3COOH} = 1.8 \times 10^{-5}$）相当，所以$CH_3COONH_4$呈中性。

弱酸和弱碱水解后溶液的酸碱性取决于生成的弱酸和弱碱的相对强弱，可通过比较其解离常数的大小来确定。若$K^\ominus_a > K^\ominus_b$，则水解后溶液呈酸性；若$K^\ominus_a < K^\ominus_b$，则水解后溶液呈碱性；若$K^\ominus_a = K^\ominus_b$，则水解后溶液呈中性。

（四）强酸和强碱所生成的盐不水解

例如NaCl，它溶于水完全解离为Na^+和Cl^-，不论是Na^+还是Cl^-，都不与H_2O解离出的OH^-和H^+结合，所以，强酸和强碱所生成的盐不水解，溶液呈中性。

二、影响盐类水解的因素

盐的水解反应是中和反应的逆反应。影响盐类水解的首要因素是盐的本性，即与形成盐的酸或碱性的强弱有关。例如弱酸弱碱盐强烈水解，强酸强碱盐不水解。

盐类的水解还与温度有关。例如中和反应是放热反应，因而盐的水解是吸热反应，故升高温度，平衡向水解的方向移动，水解的程度增大。因此，我们常用热的纯碱溶液来去油污。

盐类的水解还与浓度、酸度等有关。盐溶液越稀，水解程度越大。在盐溶液中，加入其水解产物，即增加溶液的酸度或碱度，可抑制其水解。例如实验室配制 $FeCl_3$ 时，$FeCl_3$ 是强酸弱碱所生成的盐，在水中易水解：

$$Fe^{3+} + 3H_2O \rightleftharpoons Fe(OH)_3 + 3H^+$$

所以时间长了，盛有 $FeCl_3$ 溶液的内壁会有棕黄色的斑迹。为防止像这种由水解而产生的结果，常常在配制溶液时，向其中加入少量的盐酸，抑制其水解。

本章小结

1. 电解质的解离

（1）强电解质和弱电解质：在水溶液或熔融状态下能完全解离成离子的电解质称为强电解质。强酸（如盐酸、硫酸等）、强碱（如氢氧化钠、氢氧化钾等）和大多数的盐都属于强电解质。在水溶液中仅能部分解离的电解质称为弱电解质。弱酸（醋酸等）、弱碱（氨水等）都属于弱电解质。

（2）弱电解质的解离平衡：在一定条件下，当弱电解质的分子解离成离子的速率等于离子重新结合成分子的速率时，未解离的分子和离子间就达到了平衡状态，叫做解离平衡；在一定温度下，当弱电解质解离达到平衡时，离子浓度的乘积与未解离的分子浓度之比是个常数，称为解离平衡常数，简称解离常数，用符号“$K_i^{\ominus}$”表示。

2. 离子反应和离子方程式

在溶液中电解质全部或部分地解离成离子，所以在溶液中电解质发生化学反应的实质是解离出离子之间的反应，这类反应称为离子反应。

离子方程式不仅表示物质间的某个反应，还表示所有同一类型的离子反应。

3. 水的解离和溶液 pH 值

在一定的温度下，纯水中 H^+ 的浓度和 OH^- 的浓度的乘积是一个常数。称为水的离子积常数，简称水的离子积，用符号 $K_W^{\ominus}$ 表示。水的离子积会随温度的变化而变化，但在常温范围内，一般都以 $K_W^{\ominus}=1\times10^{-14}$ 进行计算。

在化学上采用 $[H^+]$ 的负对数即 pH 值来表示溶液的酸碱性。

$$pH=-\lg[H^+]$$

常温下：酸性溶液　$[H^+] > 1\times10^{-7}$ mol/L　$pH < 7$；

碱性溶液　$[H^+] < 1\times10^{-7}$ mol/L　$pH > 7$；

中性溶液　$[H^+] = 1\times10^{-7}$ mol/L　$pH = 7$。

4. 盐类的水解

盐的离子与溶液中水解离出来的 H^+ 和 OH^- 作用而生成弱电解质的反应，叫做盐的水解。

强碱弱酸盐水解呈碱性，强酸弱碱盐水解呈酸性，弱酸和弱碱水解后溶液的酸碱性取决于生成的弱酸和弱碱的相对强弱，可通过比较其解离常数的大小来确定。若 $K_a^{\ominus} > K_b^{\ominus}$，则水解后溶液呈酸性；若 $K_a^{\ominus} < K_b^{\ominus}$，则水解后溶液呈碱性；若 $K_a^{\ominus} = K_b^{\ominus}$，则水解后溶液呈中性。强酸和强碱所生成的盐不水解，溶液呈中性。

章节测试

1. 常温下，pH=13.0 的氢氧化钡溶液的物质的量的浓度为（　　）。

A. 0.2mol/L　　B. 0.1mol/L　　C. 0.4mol/L　　D. 0.05mol/L

2. 下列哪种物质是弱电解质（　　）。

A. 盐酸　　B. 乙酸　　C. 氢氧化钠　　D. 氯化钠

3. 下列物质的水溶液，其 pH 值大于 7 的是（　　）。

A. K_2CO_3　　B. $HCOONH_4$　　C. CH_3COONH_4　　D. $NaNO_3$

4. 下列各组的两种物质在溶液中的反应，可用同一离子方程式表示的是（　　）。

A. 氢氧化钠与盐酸；氢氧化铜与盐酸

B. $BaCl_2$ 溶液与 Na_2SO_4 溶液；$Ba(OH)_2$ 溶液与 H_2SO_4 溶液

C. Na_2CO_3 溶液与盐酸溶液；$CaCO_3$ 与盐酸溶液

D. 石灰石与硝酸反应；石灰石与盐酸

5. 能正确表示下列反应的离子方程式的是（　　）。

A. 钠与水反应：$Na+2H_2O \rightarrow Na^{+}+2OH^{-}+H_2\uparrow$

B. 向盐酸中滴加氨水：$H^{+}+OH^{-} \rightarrow H_2O$

C. 大理石溶于醋酸：$CaCO_3+2CH_3COOH \rightarrow Ca^{2+}+2CH_3COO^{-}+CO_2\uparrow+H_2O$

D. $FeCl_3$ 溶液与 Cu 的反应：$Cu+Fe^{3+} \rightarrow Fe^{2+}+Cu^{2+}$

6. pH=5.4 的海水的氢离子的浓度为____________。

7. 常温下，0.01mol/L 的 NaOH 的 pH 值为____________。

8. NaOH 与 HAc 反应的离子方程式为____________。

9. pH=8.0 的海水的氢离子的浓度为____________。

10. 有下列水溶液：(1) NH_4Cl，(2) KCN，(3) Na_2SO_4，试判断其酸碱性，写出相关的离子方程式。

11. 计算 0.02mol/L 氨水溶液的 pH 值（$K_{NH_3 \cdot H_2O}^{\ominus} = 1.8 \times 10^{-5}$）。

第五章　氧化还原反应

氧化还原反应是四大基本反应类型之一，是生活生产中非常常见的一类反应。金属冶炼、燃料燃烧中有它的功劳，金属腐蚀、食物变质也与它密切相关。学习掌握氧化还原反应，有助于我们更好的利用它造福人类。

第一节　氧化还原反应

一、氧化还原反应

在初中化学中，已经学习过氧化反应和还原反应。物质得到氧的反应叫氧化反应，物质失去氧的反应叫还原反应。其实，这两个反应是同时发生的。例如，在氧化铜与氢气的反应中，氧化铜失去氧变成铜单质，发生了还原反应；氢气得到氧化铜中的氧生成水，发生了氧化反应。这类反应就是氧化还原反应：

$$CuO + H_2 = Cu + H_2O$$

下面换个角度，我们从化合价的变化来分析这个反应。在反应中，氧化铜发生还原反应生成铜单质，铜元素的化合价从+2 价降低到 0 价；氢气发生氧化反应生成水，氢元素的化合价从 0 价升高到+1 价。分析大量氧化还原反应我们得出结论：元素化合价发生变化的反应都是氧化还原反应。其中，使元素化合价升高的反应是氧化反应，使元素化合价降低的反应是还原反应。

例如钠与氯气的反应：

$$2Na + Cl_2 = 2NaCl$$

钠元素的化合价从 0 价升高到+1 价，发生了氧化反应；氯元素从 0 价降低到−1 价，发生了还原反应。元素化合价发生了变化，这个反应也是氧化还原反应。结合化学键中学到的知识，钠原子在反应中失去了 1 个电子，化合价从 0 价升高到+1 价；氯原子得到 1 个电子，从 0 价降低到−1 价。即原子得失电子造成了化合价的变化。

又如氢气和氯气的反应：

$$H_2 + Cl_2 = 2HCl$$

在这个反应中，氢元素和氯元素化合价发生变化并不是由于得失电子，而是因为氢原子吸引电子对的能力要比氯原子弱，因此氢原子和氯原子形成的共用电子对发生偏移，使氢原子的化合价从 0 价升高到+1 价，氯原子的化合价从 0 价降低到−1 价。在这个反应中，元素化合价也发生了变化，所以也是氧化还原反应。

通过以上分析，我们认为，凡是有电子得失或共用电子对偏移的反应叫做氧化还原反应。其中，元素失去电子或电子对偏离，化合价升高的反应，称为氧化反应；元素得到电子或共用电子对偏向，化合价降低的反应，称为还原反应。氧化还原反应的本质是发生了电子的转移。

二、氧化剂和还原剂

在氧化还原反应中，凡是得到电子或是共用电子对偏向的物质叫做氧化剂，氧化剂化合价降低；凡是失去电子或共用电子对偏离的物质叫做还原剂，还原剂化合价升高。

例如，在氧化铜和氢气的反应中，铜离子得到电子化合价降低，因此氧化铜是氧化剂；氢气失去电子，化合价升高，氢气是还原剂。

在氧化还原反应中，常见的氧化剂有活泼的卤素、氧气、Na_2O_2、H_2O_2、$HClO$、$KClO_3$、$KMnO$、浓 H_2SO_4、$K_2Cr_2O_7$ 等，它们在反应中容易得到电子，具有氧化性；常见的还原剂包括活泼的金属 K、Na、Mg、Al 和 C、H_2、CO、H_2S 等，它们在反应中容易失去电子，具有还原性；还有一些化合物如 SO_2、$FeSO_4$ 等，既可以作氧化剂，也可以作还原剂。

在有些氧化还原反应中，一种物质既是氧化剂也是还原剂。例如：

$$2KClO_3 = 2KCl + 3O_2\uparrow$$

在这个反应中，$KClO_3$ 既是氧化剂也是还原剂。

牛刀小试

下列反应中哪些是氧化还原反应？属于氧化反应的，找出氧化剂和还原剂。

$$2CaO = 2Ca + O_2\uparrow$$

$$3Ca(OH)_2 + P_2O_5 = Ca_3(PO_4)_2 + 3H_2O$$

$$NaOH + HCl = NaCl + H_2O$$

$$2NH_4Cl + Ca(OH)_2 = 2NH_3\uparrow + 2H_2O + CaCl_2$$

$$Cl_2 + 2NaOH = NaCl + NaClO + H_2O$$

第二节　原电池及电极电位

一、原电池的工作原理

在之前学习的氧化还原反应中，还原剂和氧化剂直接接触，电子发生转移。

【实验 5-1】 将一金属锌片放入盛有 100mL 1mol/L 的 $CuSO_4$ 溶液的烧杯里，观察现象。

我们可以观察到，锌片上有红棕色铜析出的同时，锌片不断溶解，溶液的蓝色慢慢变淡。在这个过程中，锌片与硫酸铜发生置换反应。

反应方程式：

$$Zn + CuSO_4 = ZnSO_4 + Cu$$

离子方程式：

$$\overset{2e}{\overbrace{Zn + Cu}}{}^{2+} = Zn^{2+} + Cu$$

反应中，锌片与 $CuSO_4$ 溶液直接接触，锌原子中的电子转移到铜离子。但这种情况下，电子的转移无序且不易被肉眼察觉。针对这一情况，我们可以借助一种叫原电池的装置，使电子定向转移，进而形成电流。不仅证明电子转移，同时确认反应的氧化剂和还原剂。

【实验 5-2】 铜锌原电池：

如图 5-1 所示，A 烧杯中盛有入 1mol/L 的 $ZnSO_4$ 溶液，并插有锌片；B 烧杯中盛有 1mol/L 的 $CuSO_4$ 溶液，插有铜片。用盐桥（通常装有含琼胶的 KCl 饱和溶液）将两烧杯中溶液连通，并将铜片和锌片用导线和电流计相连。观察现象。

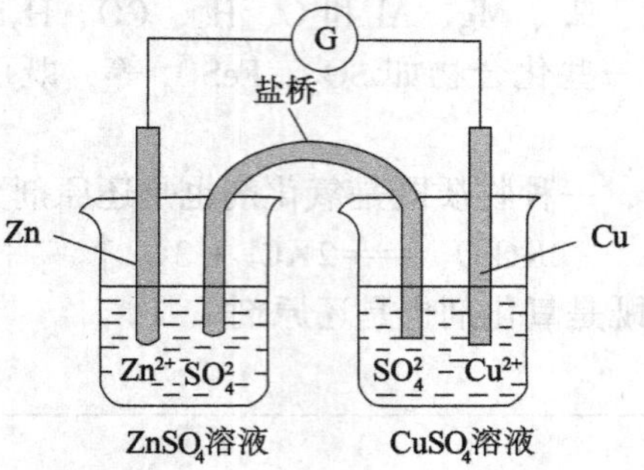

图 5-1 铜锌原电池示意图

我们可以观察到：

（1）实验中，电流计的指针偏向锌片。指针偏转证明导线中有电流产生，这正是电子转移的结果；指针偏向锌片侧，所以铜片是正极，锌片是负极，同时表明电子是由铜片流向锌片的。

（2）实验过程中，铜片上不断有铜析出，同时，锌片不断溶解。此现象与锌片插入 $CuSO_4$ 溶液时现象一致。

（3）若不连接盐桥，电流计指针无偏转；连接盐桥，电流计指针偏转。此现象说明，盐桥构成了电路通路。

这种借助氧化还原反应产生电流的装置就是原电池。原电池由两个半电池组成，如上述装置中的锌半电池和铜半电池；铜片和锌片称为电池的电极，流出电子的锌片称为负极，流进电子的铜片称为正极。原电池把物质的化学能转变成电能，并再次证实了氧化还原反应的实质是物质间电子的转移。

在上述实验过程中，锌原子失去电子，形成 Zn^{2+} 进入溶液，锌片溶解。电极反应为：

$$Zn - 2e \longrightarrow Zn^{2+} \quad (1)$$

聚集在锌片上的电子通过导线流向铜片，导线中产生电流，电流计发生偏转。$CuSO_4$ 溶液中的 Cu^{2+} 在铜片上得到电子，生成铜单质，在铜片上析出。电极反应为：

$$Cu^{2+} + 2e \longrightarrow Cu \quad (2)$$

式（1）、式（2）为原电池的电极反应方程式。电池总反应为：

$$Zn + Cu^{2+} = Zn^{2+} + Cu$$

原电池组成可用符号表示，例如，铜锌原电池可表示为：

$$(-)\ Zn\,|\,Zn^{2+}\ (1mol/L)\ \|\ Cu^{2+}\ (1mol/L)\,|\,Cu\ (+)$$

其中，(+)、(-) 表示电池的正负极，通常负极写在左侧，正极写在右侧。“|”表示电极与电解质溶液间的接触截面，“‖”表示盐桥。

二、电极电位

接通原电池电路后，两电极间有电流通过，这表明两个电极之间存在电位差，电流从电位高的电极流向电位低的电极。这里所说的电位是每个电极都具有的，称为电极电位。电极电位目前还无法测定其绝对值，但可确定其相对值。我们以标准氢电极为标准电极，规定其电极电位为0。

将其他电极与标准氢电极比较，确定其他电极电位的相对值，即标准电极电位。标准电极电位的大小反映了标准状态下电对得失电子能力的强弱，即氧化态物质的氧化能力和还原态物质还原能力的强弱。我们可以应用标准电极电位，解决很多问题：

(一) 比较氧化剂、还原剂的相对强弱

电极标准电极电位值越大，表明标准状态下电对中氧化态物质的氧化能力越强，还原态物质的还原能力越弱；反之，表明还原态物质还原能力越强，氧化态物质氧化能力越弱。

【例 5-1】 已知 Na^+/Na 的标准电极电位为 -2.714V；Mg^{2+}/Mg 的标准电极电位为-2.37V。上述两点对中，哪种物质是较强的氧化剂，哪种物质是较强的还原剂？

解： 根据题意，Na^+/Na 的电极电势小于 Mg^{2+}/Mg，因此，氧化能力 $Mg^{2+}>Na^+$，还原能力 Na 大于 Mg。

实际上，金属活动顺序表就是根据标准电极电位大小比较出来的。

(二) 判断氧化还原反应的方向

根据原电池的标准电极电势，我们可以判断一个氧化还原反应自发进行的方向。具体步骤如下：

(1) 根据给定的反应方向，找出反应中的氧化剂和还原剂；

(2) 查出氧化剂电对和还原剂电对的标准电极电位；

(3) 以找出的还原剂电对做负极，氧化剂电对做正极，组成原电池，并计算标准电动势（正极标准电极电位减去负极标准电极电位）。若标准电动势大于0，则反应自发向右进行；若小于0，则反应自发向左进行；若等于0，则反应在标准状态下处于平衡状态。

【例 5-2】 判断反应 $Fe+Cu^{2+}═Cu+Fe^{2+}$ 在标准状态下自发进行的方向。

解： 根据给定反应式，Cu^{2+} 是氧化剂，Fe 是还原剂。组成原电池时，Fe^{2+}/Fe 做负极，Cu^{2+}/Cu 做正极。查表可知，Fe^{2+}/Fe 标准电极电位为-0.44V，Cu^{2+}/Cu 标准电极电位为-0.34V。

$$E=\varphi_{Cu^{2+}/Cu}-\varphi_{Fe^{2+}/Fe}=0.34V-(-0.44V)=0.78V>0$$

所以，在标准状态下，这个反应能够自发进行。

实际上，化学反应通常在非标准状态下进行。在判断氧化还原反应进行的方向时，除了考虑氧化剂和还原剂的电极电位，还要考虑温度、浓度等因素的影响。

牛刀小试

1. 原电池的两极分别是____________极和____________极。电子从____________极流向____________极，在____________极发生氧化反应，在____________极发生还原反应。

2. 在电对 MnO^{4-}/Mn^{2+}，Fe^{3+}/Fe^{2+}，Sn^{4+}/Sn^{2+} 中，最强的氧化剂是____________，最强的还原剂是____________。

本章小结

1. 氧化还原反应

（1）氧化还原反应：凡是有电子转移的反应就是氧化还原反应。物质失去电子的反应是氧化反应，得到电子的反应是还原反应。物质得失电子的表示是元素化合价的降低和升高。

（2）氧化剂和还原剂：在氧化还原反应中，得到电子或电子对偏向的物质是氧化剂；失去电子或电子对偏离的物质是还原剂。

2. 原电池

（1）把化学能转变为电能的装置叫做原电池。原电池由两个半电池组成，发生氧化反应的一侧称为负极，发生还原反应的称为正极。

（2）电极电位：

电极电位：每个电极都有的电位叫做电极电位。电极电位目前没有绝对值，只有相对值。我们规定标准氢电极的电极电位为标准电极电位，其他电极与之比较得到各自的标准电极电位。

电极电位的应用：应用标准电极电位可以比较氧化剂、还原剂氧化还原能力的相对强弱；应用标准电极电位可以判断氧化还原反应自发进行的方向。

章节测试

一、选择题

1. 下列反应中属于氧化还原反应的是（　　）。

A. 硫酸与氢氧化钡反应　　B. 氯化铵的水解

C. 二氧化锰与浓盐酸的反应　　D. 氯化铵与氢氧化钙加热

2. 我国“四大发明”在人类发展史上起到了非常重要的作用，其中黑火药的爆炸反应为 $2KNO_3+S+3C \xlongequal{点燃} K_2S+N_2\uparrow+3CO_2\uparrow$。该反应中被氧化的元素是（　　）。

A. C　　B. N　　C. N 和 S　　D. N 和 C

3. 下列反应中属于氧化还原反应，但水既不作氧化剂又不作还原剂的是（　　）。

A. $SO_2+H_2O = H_2SO_3$　　B. $Cl_2+H_2O = HCl+HClO$

C. $2F_2+2H_2O = 4HF+O_2$　　D. $2Na+2H_2O = 2NaOH+H_2\uparrow$

4. 对于原电池，下列说法错误的是（　　）。

A. 电子流入的一极为正极　　B. 电子流出的一极为负极

C. 正极发生氧化反应　　D. 电流从正极流向负极

5. a、b、c、d 四种金属片浸泡在稀硫酸中，用导线两两相连可以组成各种原电池，若 a、b 相连时，a 为负极；c、d 相连时，d 为正极；a、c 相连时，a 被腐蚀；b、d 相连时，b 极产生氢气．这四种金属的活动性顺序（由大到小）是（　　）。

A. a>b>c>d　　B. a>c>d>b　　C. c>a>b>d　　D. b>d>c>a

二、问答题

指出下列反应中氧化剂和还原剂，并说明电子得失情况。

$$2KClO_3+I_2 = 2KIO_3+Cl_2$$

$$2N_2H_4+N_2O_4 = 3N_2+4H_2O$$

$$Cl_2+H_2O = HCl+HClO$$

第六章　常见非金属元素及其化合物

我们之前已经学过了元素周期律和元素周期表的相关知识，为我们深入学习元素及化合物奠定了理论基础。本章我们将重点介绍一下常见非金属元素及其化合物。

第一节　卤　素

卤族元素包括氟（F）、氯（Cl）、溴（Br）、碘（I）、砹（At）这几种元素。卤族元素在第ⅦA族，其中砹为放射性元素，自然界中含量很少。这五种元素很容易与金属化合成盐，习惯上将它们称为卤素。

卤素原子的最外层电子数为7，很容易得到1个电子而形成稳定结构。所以其显非金属性，并具有相似的化学性质。但是从氟到碘，随着它们相对原子质量的增大，非金属性逐渐减弱。本节主要介绍卤素中具有代表性的氯元素单质及其化合物的相关知识。

一、氯气及其重要化合物

（一）氯气的物理性质

氯气是具有强烈刺激性气味的黄绿色气体，有毒，吸入少量氯气，会刺激鼻腔和喉头的黏膜，引起胸痛和咳嗽；吸入的氯气量过大，就会窒息死亡。所以，实验中闻氯气时，必须用手在瓶口处轻轻煽动，让微量的氯气进入鼻孔。

氯气很容易液化，它在常压冷却到238.8K或在常温下加压到6×10^5Pa时变为液态氯，工业上叫做“液氯”，常储存于草绿色的钢瓶中，便于运输和使用。

（二）氯气的化学性质

氯气是典型的非金属元素，化学性质很活泼，能与很多物质发生反应。

1. 与金属反应

氯气能与活泼金属钠、钾等直接反应，生成相应的氯化物。如金属钠，在氯气中剧烈燃烧产生黄色火焰，生成白色固体氯化钠。反应方程式为：

$$2Na + Cl_2 \xlongequal{\triangle} 2NaCl$$

不活泼的金属如锡、铅、铜等，加热后方可与氯气反应。

【演示实验6-1】 把一束细铜丝灼烧后，立即放进盛有氯气的集气瓶中（图6-1）观察现象。再将少量的水注入集气瓶，用毛玻璃盖住瓶口，振荡，观察溶液颜色的变化。

红热的铜丝在氯气中燃烧，产生棕黄色的烟，即生成氯化铜颗粒，反应方程式为：

$$Cu + Cl_2 \xlongequal{\triangle} CuCl_2$$

$CuCl_2$溶解在水中，成为绿色液体，浓度不同时，颜色也略有不同。

2. 与非金属的反应

在常温下，氯气和氢气化合成氯化氢的速度非常慢，如有强光照射或在点燃的情况下

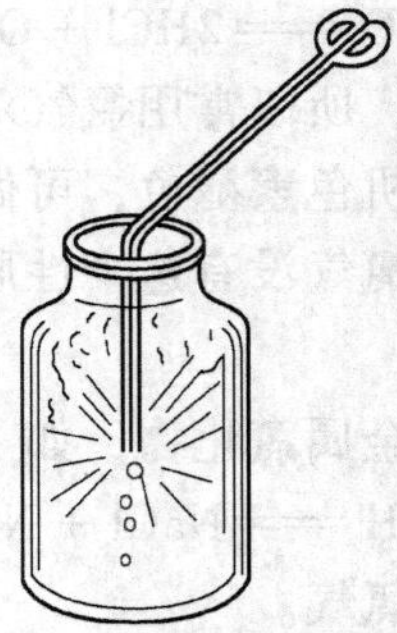

图 6-1　铜在氯气中燃烧

就会迅速化合，超过一定限度，甚至发生爆炸：

$$H_2 + Cl_2 \xlongequal{\triangle} 2HCl$$

当氯气与氢气燃烧时，生成苍白色的火焰，生成无色的氯化氢气体，它会立即与空气中的水蒸气形成细小的盐酸液滴。

氯气还可与非金属磷反应。

【演示实验 6-2】将红磷放置在燃烧匙中，点燃后插入盛有氯气的集气瓶中。

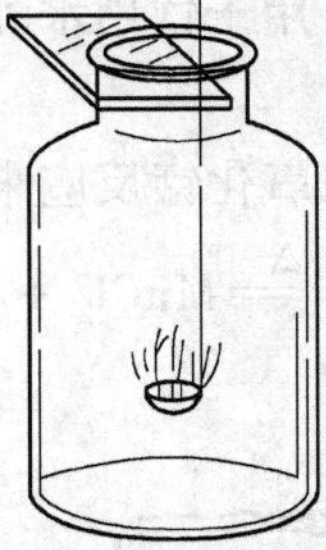

图 6-2　磷在氯气里燃烧

点燃后的磷在氯气中继续燃烧，氯气与磷反应，生成三氯化磷和五氯化磷，白色烟雾为二者的化合物。

$$2P + 3Cl_2 \xlongequal{\triangle} 2PCl_3$$

$$2P + 5Cl_2 \xlongequal{\triangle} 2PCl_5$$

三氯化磷，常温下为无色液体，五氯化磷为略黄色固体。它们都是重要的化工原料，可用来合成多种含磷的有机化合物。

3. 与水的反应

氯气溶于水得到氯水。溶解的氯气，其中一部分又与水反应生成了盐酸（HCl）和次氯酸（HClO）。

$$Cl_2 + H_2O \rightleftharpoons HCl + HClO$$

该反应是可逆反应。因而氯水是比较复杂的混合液体，其中除水外，还含有相当数量的游离氯，少量的盐酸和次氯酸。次氯酸是一种很弱的酸，很不稳定，容易分解，放出氧气。在日光下分解更快：

$$2HClO \xlongequal{\triangle} 2HCl + O_2\uparrow$$

次氯酸是强氧化剂，能杀死病菌，所以常用氯气对自来水进行杀菌消毒。另外，次氯酸还具有漂白作用，可以使染料和有机色素褪色，可做漂白剂。所以，氯气具有杀菌消毒的功效是由于次氯酸的缘故，干燥的氯气没有这个性质。

4. 与碱的反应

氯气与碱反应，生成次氯酸盐和金属氯化物，如

$$Cl_2 + 2NaOH \xlongequal{} NaCl + NaClO + H_2O$$

实验室利用此反应来吸收多余的氯气。

想一想

试写出氯气和熟石灰的反应方程式。

（三）氯气的用途

氯气是重要化工原料中的一种，除可制漂白粉和盐酸外，还可以用于制造橡胶，塑料，农药和有机溶剂等。氯气也用作漂白剂，在纺织工业中用于漂白棉，麻等植物纤维，在造纸工业中用来漂白纸浆。氯气还可用于饮用水和游泳池的消毒杀菌。

（四）氯气的制法

在实验室中，氯气是用浓盐酸和二氧化锰反应来制取的（图6-3）。反应方程式如下：

$$MnO_2 + 4HCl \xlongequal{\triangle} MnCl_2 + 2H_2O + Cl_2\uparrow$$

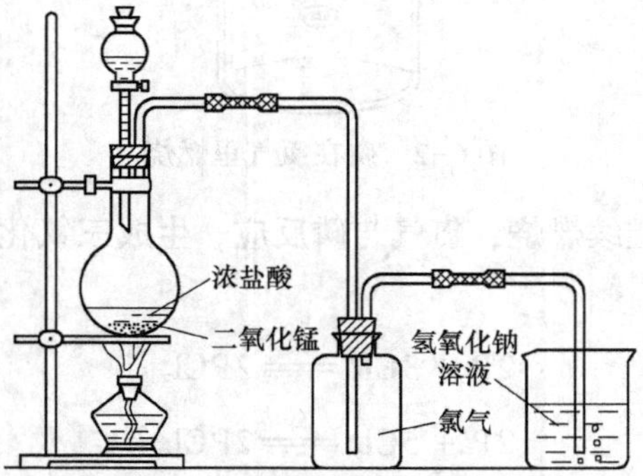

图6-3 实验室制取氯气装置图

知识拓展

工业上，氯气是用电解饱和食盐水溶液的方法来制取的，同时可制得烧碱。反应方程式如下：

$$2NaCl + 2H_2O \xlongequal{电解} 2NaOH + H_2\uparrow + Cl_2\uparrow$$

二、重要的化合物

(一) 氯化氢

在实验室中制取氯化氢的方法是食盐与浓硫酸进行反应。稍微加热，即可得到硫酸氢钠和氯化氢：

$$NaCl + H_2SO_4(浓) \xlongequal{\triangle} NaHSO_4 + HCl\uparrow$$

在温度大于773K的条件下若继续加热，就生成了硫酸钠和氯化氢：

$$NaHSO_4 + NaCl \xlongequal{\triangle} Na_2SO_4 + HCl\uparrow$$

总的方程式为：

$$2NaCl + H_2SO_4(浓) \xlongequal{\triangle} Na_2SO_4 + 2HCl\uparrow$$

由于氯化氢在水中的溶解度较大，为了防止倒吸，导管不宜直接插入水中。通常，在导管上连接一个漏斗（图6-4），这样就不会因氯化氢的溶解，导管内的压强减小，使烧杯内的水倒吸入集气瓶中，而且还可以使氯化氢被充分吸收。

在工业上，采用合成炉来生产氯化氢（图6-5）。合成炉由钢板制成，呈双圆锥形，里面有一个燃烧器，俗称“灯头”，由耐高温耐腐蚀的石英做成。开始时要把灯头喷出的氢气点燃，然后通入氯气，使二者发生反应，即可合成氯化氢。

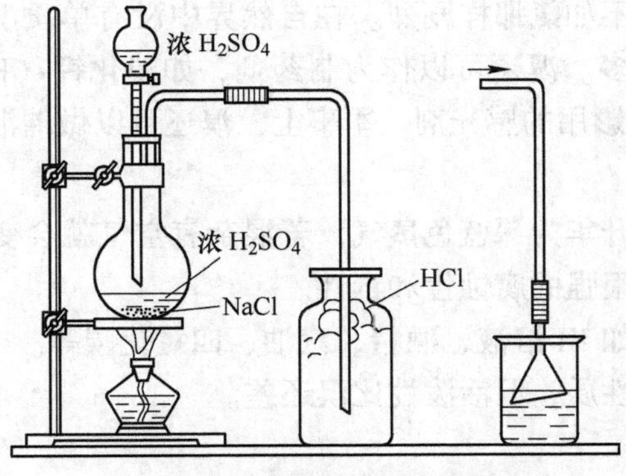

图6-4 实验室制取氯化氢装置图

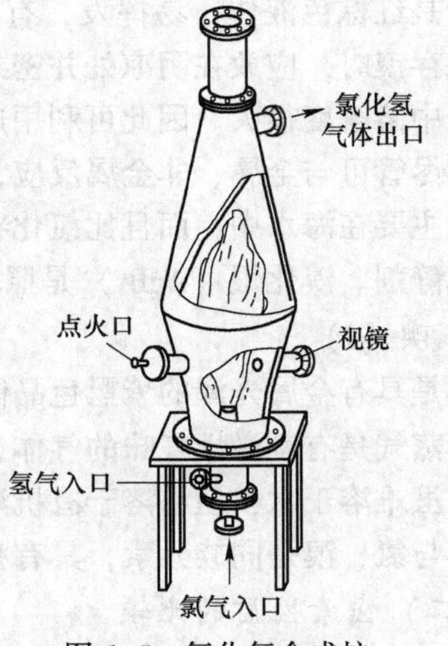

图6-5 氯化氢合成炉

氯化氢是无色并具有刺激性气味的气体，有毒，极易溶于水，在0摄氏度时，1体积的水大约可溶解500体积的氯化氢气体。而氯化氢的水溶液即为盐酸。氯化氢在潮湿的空气中与水蒸气生成盐酸液滴并呈现白雾。

(二) 盐酸

工业上可将氯化氢进行冷却和吸收生成盐酸。盐酸作为“三酸”之一，是重要的化工原料。纯净的盐酸为无色的氯化氢气味的液体，具有很强的挥发性。市售盐酸的密度为1.19g/cm³，含氯化氢质量分数为0.37。工业上的盐酸因其含有 $FeCl_3$ 而显略黄色。

盐酸作为强酸，具有酸的通性，与碱发生中和反应，也可与金属活动顺序表中氢以前的金属发生置换反应，与盐发生复分解反应等。

三、卤素的性质及卤离子的检验

（一）简介

1. 氟（F）

氟是淡黄绿色气体，有剧毒，腐蚀性强，是最活泼的非金属，具有很强氧化性。和氢气混合，在黑暗处即可发生爆炸，放出大量热，生成氟化氢，氟化氢易溶于水，生成氢氟酸。氢氟酸有毒，碰到皮肤能引起有毒的“烫伤”。氢氟酸可与玻璃中的二氧化硅反应，生成四氟化硅气体和水。

$$SiO_2 + 4HF = SiF_4\uparrow + 2H_2O$$

利用此性质，氢氟酸被广泛用于玻璃器皿的标记和刻蚀花纹。实验室里的量筒、滴定管的刻度就是利用这个方法来刻画的。因此，氢氟酸应保存在硬橡皮容器或塑料容器中。

自然界中不存在游离氟，它主要以萤石矿、冰晶石的形式存在。

大量的氟用来制取有机氟化物，如杀虫剂，灭火剂，制冷剂氟利昂，能耐腐蚀、耐高温的“塑料王”聚四氟乙烯等。液态氟是火箭、导弹和发射卫星的高能燃料。

2. 溴（Br）

溴是红棕色液体，易挥发，有刺激性臭味，能深度地灼伤皮肤和损伤眼球和喉部黏膜。保存溴时，应放在阴凉处并密封。溴微溶于水，而在汽油、煤油、苯、二硫化碳等有机溶剂中溶解度很大。因此可利用这几种溶剂将溴从水中取出。

溴尽管可与金属、非金属反应，但并不如氯那样剧烈。在自然界中没有单质溴，溴的化合物主要在海水中，而且比氯化物少得多。溴还可以作为制药剂，如溴化钾（KBr）可用作镇静剂。溴化银（AgBr）是照相和电影用的感光剂。军事上，溴还可以做催泪毒剂。

3. 碘（I）

碘是具有金属光泽的紫黑色晶体。碘升华为深蓝色蒸气，若混杂有空气就会变为紫红色。碘蒸气是有刺激性气味的气体，并有很强的腐蚀性和毒性。

碘虽难溶于水，但易溶于有机溶剂，如 KI 溶液、酒精、汽油、四氯化碳等。

碘与氯、溴是同族元素，具有相似的性质，但活泼性比溴还差。

（二）卤素性质的比较

表 6-1 列出了卤素的原子结构和单质的物理性质。

表 6-1 卤素的原子结构和单质的物理性质

元素名称	元素符号	核电荷数	电子层结构	单质	颜色和状态	密度/$g\cdot L^{-1}$	沸点/K	熔点/K
氟	F	9	2 7	F_2	淡黄色气体	1.690	84.86	53.38
氯	Cl	17	2 8 7	Cl_2	黄绿色气体	3.214	238.4	172

续表 6-1

元素名称	元素符号	核电荷数	电子层结构	单质	颜色和状态	密度 /g · L^{-1}	沸点/K	熔点/K
溴	Br	35	2 8 18 7	Br_2	深红棕色气体	3.119	331.8	265.8
碘	I	53	2 8 18 18 7	I_2	紫黑色固体	4.930	457.4	386.5

氟、氯、溴、碘单质的物理性质随着核电荷数的增大而变化。从氟到碘，状态由气态趋向固态，颜色逐渐加深，熔点、沸点依次升高。

具有典型非金属性的卤素原子结构相似，最外层都有 7 个电子，容易得到 1 个电子而达到稳定结构，所以，它们的化学性质相似。如都能与水反应，能和金属反应生成盐，能和氢气化合成气态氢化物等。化学性质上的一点差异就是因卤素原子的电子层数不同而产生的。

表 6-2 列出了卤素单质的化学性质。

表 6-2 卤素单质的化学性质

单质	与金属反应	与氢气的反应和氢化物的稳定性	与水的反应	卤素单质的活泼性比较
F_2	常温下能和所有金属反应	冷、暗处剧烈反应而爆炸。HF 很稳定	使水迅速分解，放出氧气	氟最活泼，能把 Cl_2、Br_2、I_2 从它们的化合物中置换出来
Cl_2	加热时，能氧化所有的金属	强光照射下，剧烈化合而爆炸。HCl 很稳定	在日光照射下，缓慢放出氧气	氯较氟次之，能把 Br_2、I_2 从它们的化合物中置换出来
Br_2	加热时，可和一般金属反应	高温下缓慢反应，HBr 较不稳定	较氯微弱	溴较氯次之，能把 I_2 从它们的化合物中置换出来
I_2	在较高温度时能与一般金属反应，有时只生成低价盐如 FeI_2	持续加热，慢慢地化合，HI 很不稳定，同时发生分解	较溴微弱	碘在卤素中最不活泼

由表 6-2 可知，从氟到碘非金属性逐渐减弱。具体表现为：从氟到碘，与金属、氢气、水的反应越来越难，反应的剧烈程度依次降低；与氢气化合时，生成气态氢化物的稳定性越来越差；置换能力越来越弱。

具有强氧化性的卤素是活泼的非金属，容易得到电子而被还原。由于核电荷数，核外电子层数，原子的大小等差异，各原子核对核外电子的吸引力就不同。氟的原子最小，核外电子吸引力最强。碘的原子最大，对核外电子吸引力最小。因此，它们的非金属性依次减弱：

$$F_2 > Cl_2 > Br_2 > I_2$$

卤素阴离子失去电子的能力依次增强：

$$F^- < Cl^- < Br^- < I^-$$

(三) 卤离子的检验

卤离子常用硝酸银（$AgNO_3$）来检验。

【演示实验 6-3】 在三支分别盛有 1mL 0.1mol/L KCl、KBr 和 KI 溶液的试管中，各加入几滴 0.1mol/L $AgNO_3$ 溶液。观察试管中沉淀的生成和颜色。再在三支试管中分别加入少量的稀硝酸，观察现象。

KCl、KBr、KI 溶液与 $AgNO_3$ 溶液反应分别生成白色 AgCl 沉淀、浅黄色 AgBr 沉淀和黄色 AgI 沉淀。F^-不能用 Ag 来检验，因为 AgF 易溶。反应方程式如下：

$$KCl + AgNO_3 = AgCl\downarrow + KNO_3$$

$$KBr + AgNO_3 = AgBr\downarrow + KNO_3$$

$$KI + AgNO_3 = AgI\downarrow + KNO_3$$

卤离子还可以用卤素之间的置换反应来鉴别。如加氯水和不溶于水的有机溶剂（如四氯化碳）来检验 Br^-和 I^-。

牛刀小试

有三只失去标签的试剂瓶，分别盛有 NaCl、NaBr、KI 三种溶液，试用两种化学方法鉴别这三种溶液，并写出相关反应式。

第二节 氧和硫

元素周期表中的第ⅥA 族元素，包括氧（O）、硫（S）、硒（Se）、碲（Te）、钋（Po）五种元素，统称为氧族元素。其中钋为放射性元素。

氧族元素原子核外最外层电子数为 6，因此其得到 2 个电子而显非金属性是比较容易的，但比同周期卤素的非金属性稍差。从氧到碲，随着核电荷数的增加，非金属性逐渐减弱。因而，氧族元素中最典型的非金属元素为氧和硫。

在含氧的化合物中，氧一般显-2 价；硫、硒、碲和金属或者氢化合时也显-2 价，这是因为氧的最外层有 6 个电子的缘故。但当遇到夺取电子的能力比它们强的元素时，它们原子最外层 6 个或 4 个电子一般也可以发生偏移，生成+6 或+4 价的化合物。

本节主要介绍单质氧和硫及重要的化合物。

一、氧单质及含氧化合物

(一) 氧和臭氧

氧是地壳中含量最多的元素，含量为 48.6%，它以游离态和化合态两种形式存在于自然界中。如游离态有氧气、臭氧等，化合态的氧有水、过氧化氢等。

氧的单质有两种同素异形体：氧气（O_2）和臭氧（O_3）。而且两种气体在一定条件下是可以互换的。臭氧是一种特殊腥臭味的气体。在云层中，部分的氧气在电火花的作用下

变为 O_3。臭氧是由三个氧原子组成的单质分子。在离地面约 25km 的高处有臭氧层，来防止紫外线的照射。

O_3 很不稳定，容易在紫外线的照射下分解为 O_2。因此，高层大气中存在着氧气和臭氧相互转化的动态平衡。臭氧层的作用很多，如吸收大量的紫外线，保护地球上的生命体；使超音速飞机排出的废气（含 NO、CO、CO_2 等）能与臭氧反应；另外，广泛用作制冷剂、泡沫剂的“氟利昂”在高空经光化学反应产生的氯原子还可与臭氧反应，破坏臭氧层，使其产生空洞。

实验室制得臭氧的方法是在臭氧发生器中通过无声放电来制取。

臭氧与氧气的化学性质相似，但物理性质和化学活泼性却有差异，见表 6-3。

表 6-3 氧和臭氧的性质比较

性 质	同素异形体	
	氧气（O_2）	臭氧（O_3）
气 味	无味	腥臭味
颜 色	气体无色，液体蓝色	气体淡蓝液体深蓝色
熔点/K	54	80
沸点/K	90	161
237K 在水中的溶解度	49mL/1LH_2O	494mL/1LH_2O
稳定性	较强	不稳定，分解为 O_2
氧化性	强	很强

臭氧在高温下迅速分解为氧气，而在常温下却很慢；臭氧的氧化能力要比氧气强很多。在常温下与氧气不发生反应的物质，与臭氧能很迅速的发生反应。如：在臭氧中硫化铅氧化成硫酸铅：

$$PbS + 2O_3 = PbSO_4 + O_2$$

碘化钾被氧化为碘（用于臭氧检验的反应）：

$$2KI + O_3 + H_2O = 2KOH + I_2 + O_2$$

金属汞和银在纯氧中不容易被氧化，但在臭氧中就会很容易的被氧化。所以说臭氧的氧化能力要比氧气的氧化能力强。

（二）过氧化氢

过氧化氢（H_2O_2）俗称双氧水。纯的过氧化氢是熔点为 272K，沸点为 425K，密度为 1.465g/cm^3 的无色黏稠状液体。它能与水以任意比例混合。可以通过过氧化钡（BaO_2）和稀硫酸（H_2SO_4）来制取过氧化氢水溶液。

$$BaO_2 + H_2SO_4 = BaSO_4\downarrow + H_2O_2$$

把沉淀物分离后进行蒸馏，可得到 0.3% 的 H_2O_2 水溶液。过氧化氢溶液很不稳定，在较低的温度下可以缓慢分解，加热至 426K 就会剧烈分解为 H_2O 和 O_2，并放出大量的热。

$$2H_2O_2 = 2H_2O + O_2\uparrow$$

MnO_2 及许多重金属离子（如铜、铁、锰）存在时，H_2O_2 对分解起催化作用。

想一想

双氧水在我们日常生活中的应用有哪些？

二、硫单质及其化合物

（一）硫

在自然界中，硫以游离态和化合态两种形式存在。游离态的硫一般存在于火山喷口附近或地壳的岩层里。金属硫化物和硫酸盐是两种天然硫化物。最重要的有硫铁矿或称黄铁矿（FeS_2），还有有色金属元素（如 Cu、Zn、Pb 等）的硫化物矿，如黄铜矿（$CuFeS_2$）。天然存在的重要的硫酸盐有石膏（$CaSO_4 \cdot 2H_2O$）和芒硝（$Na_2SO_4 \cdot 10H_2O$）。

1. 物理性质

纯硫是淡黄色晶体，所以又称为硫黄。密度是水的两倍，熔点 386K，沸点 718K，但导热性差。不溶于水，微溶于酒精，易溶于二硫化碳。硫很脆，易研磨成粉末，隔空气加热变为硫蒸气，冷却后变为粉末，称为硫华。

2. 化学性质

（1）硫与金属反应。硫能与许多金属反应生成金属硫化物。

【演示实验 6-4】把盛有硫粉的大试管加热至沸腾，当有蒸气产生时，用坩埚钳夹住一束擦亮的细铜丝深入管口，并观察现象。

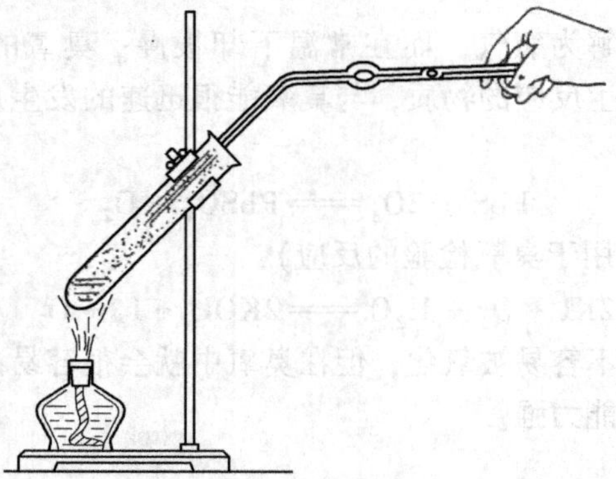

图 6-6 铜在硫蒸气中燃烧

铜丝在硫蒸气中燃烧，产物为黑色硫化亚铜：

$$2Cu + S \xlongequal{\triangle} Cu_2S$$

硫与铁反应，生成黑色的硫化亚铁：

$$Fe + S \xlongequal{\triangle} FeS$$

在常温下，硫与汞能直接反应生成黑色硫化汞固体：

$$Hg + S \xlongequal{} HgS$$

因此实验室在使用汞的过程中，若有撒落，常用硫来处理。

（2）硫与非金属反应。硫具有还原性，能与氧气反应，生成二氧化硫：

$$S + O_2 \xrightarrow{\text{电解}} SO_2$$

硫也具有还原性，其蒸气能与氢气直接化合生成具有臭鸡蛋气味的 H_2S 气体：

$$S + H_2 \xrightarrow{\triangle} H_2S$$

（3）硫的用途。硫的用途很广。化工生产中主要用来制造硫酸。在橡胶工业中，大量硫应用于对橡胶的硫化，以增强橡胶的弹性和韧性。在农业上硫还可以用作杀虫剂。除此之外，硫还可以用来加工黑色火药、火柴等。医疗上硫常用来制硫黄软膏。

（二）硫化氢

自然界中存在硫化氢，如火山喷发出来的气体中含有硫化氢气体；矿泉水中也含有硫化氢，这种泉水可以治疗皮肤疾。

1. 物理性质

H_2S 是一种无色、有臭鸡蛋气味的气体，密度比空气略大，有剧毒的大气污染物。吸入微量的硫化氢会使人头疼、晕眩，吸入的量较大时，会使人中毒昏迷，甚至死亡。所以，制取硫化氢时，应选择在通风橱中进行。

硫化氢的水溶液是一种弱酸，具有酸的通性。在常温常压下，2.6 体积的硫化氢气体可以被 1 体积的水溶解。

2. 化学性质

硫化氢为可燃气体，在空气中燃烧时，可以被氧化成二氧化硫或硫：

$$2H_2S + 3O_2 \xrightarrow{\text{点燃，空气充分}} 2H_2O + 2SO_2$$

$$2H_2S + O_2 \xrightarrow{\text{点燃，空气不充分}} 2H_2O + 2S$$

若将硫化氢与二氧化硫两种气体在集气瓶中充分混合，不一会儿瓶壁上就会出现黄色固体硫：

$$SO_2 + 2H_2S = 2H_2O + 3S$$

由此可以得出：硫化氢具有还原性。

在空气中硫化氢可以腐蚀金属。如银、镍等许多在空气中相当稳定的金属，若在含有硫化氢气体的空气中则会因腐蚀而生成金属硫化物。所以，精密仪器和设备绝对不能放到硫化氢气体含量高的环境中。

3. 实验室制取硫化氢

在实验室中，通常用硫化亚铁和稀盐酸或稀硫酸来制取硫化氢，装置与制氢气的装置相同：

$$FeS + 2HCl = FeCl_2 + H_2S\uparrow$$

$$FeS + H_2SO_4 = FeSO_4 + H_2S\uparrow$$

（三）二氧化硫、亚硫酸及其盐

二氧化硫是大气中常见的污染物，是无色有刺激性气味的有毒气体，密度比空气大，40 体积的二氧化硫能被 1 体积的水溶解，可见二氧化硫是易溶于水的。

二氧化硫分子中的硫为+4 价，处于中间价态，因此它既可以被氧化而显还原性，也可以被还原而显氧化性。

（四）硫酸及其盐

1. 工业制硫酸多采用接触法，反应过程如下：

（1）二氧化硫的制取。在空气中煅烧硫铁矿（FeS_2）生成二氧化硫：

$$4FeS_2 + 11O_2 \xlongequal{\text{点燃}} 2Fe_2O_3 + 8SO_2$$

（2）把二氧化硫变为三氧化硫。在有催化剂五氧化二钒（V_2O_5）并加热的条件下，使二氧化硫氧化：

$$2SO_2 + O_2 \xlongequal{V_2O_5,\ 400 \sim 500℃} 2SO_3$$

三氧化硫极易溶于水，生成硫酸。三氧化硫是酸性氧化物，同时是易挥发的晶体。

（3）三氧化硫的吸收。三氧化硫与水化合成硫酸，同时放出大量的热：

$$SO_3 + H_2O = H_2SO_4$$

反应放出的热量使得水蒸气与三氧化硫结合成酸雾，使得吸收速率变慢，不利于三氧化硫的吸收。为了尽快把三氧化硫吸收掉，就必须除去酸雾。在实际生产中，用质量分数为98.3%的浓硫酸吸收三氧化硫，然后再用水或较稀的硫酸制成不同浓度的硫酸。

（4）尾气回收。浓硫酸吸收三氧化硫以后，剩下的气体在工业上叫尾气。尾气中含有二氧化硫、三氧化硫等，如果直接排入空气中，会造成大气污染，因此，在排气以前要经过回收、净化处理。

2. 硫酸的性质

硫酸是强酸，纯硫酸是无色的油状液体。能与金属、金属氧化物、碱类反应。浓硫酸有以下特性：

（1）氧化性。在常温下，浓硫酸可与金属反应，如铝、铁等，能使金属表面生成一层致密的保护膜，使得浓硫酸不能再与内部金属反应。所以说可以用铝或铁的容器来运输和储存冷的浓硫酸。但在加热时，浓硫酸可以与绝大多数金属反应。

（2）吸水性和脱水性。浓硫酸具有强烈的吸水性，常用作干燥剂。同时还具有强烈的脱水性，从而使多种有机物碳化。

硫酸是重要的工业原料。可用它来制取盐酸、硝酸和农业肥料等。硫酸还用于生产农药、炸药、染料等。在金属、搪瓷工业中，利用浓硫酸作为酸洗剂，除去金属表面的氧化物。

3. 重要的硫酸盐

许多硫酸盐在实际应用中有很多价值，我们来认识几种：

（1）硫酸钙（$CaSO_4$）：白色固体。带两个结晶水的硫酸钙叫做石膏（$CaSO_4 \cdot 2H_2O$）。石膏加热后失去结晶水变成熟石膏（$2CaSO_4 \cdot H_2O$），而熟石膏加水调和成糊状后，很快硬化变成石膏。在医疗上可做石膏绷带，也可作为水泥使用。

（2）硫酸锌（$ZnSO_4$）：带7个结晶水的硫酸锌（$ZnSO_4 \cdot 7H_2O$）是无色晶体。俗称皓矾。其水溶液在医疗方面可作收敛剂和眼药水，在印染工业可作媒染剂。也可作木材防腐剂及电镀锌的电镀液。

（3）硫酸钡（$BaSO_4$）：天然产的硫酸钡称为重晶石，是制造加工钡盐的原料。硫酸钡是不溶于水和酸的白色固体，利用这种性质及不易被X射线透过的性质，常常用硫酸钡作“钡餐”，即X射线透视肠胃的内服药剂。同样，硫酸钡也可以用作白色颜料。

另外，还有一些重要的硫酸盐，如制造玻璃的原料芒硝（$Na_2SO_4 \cdot 10H_2O$）；制造蓝黑墨水的原料绿矾（$FeSO_4 \cdot 7H_2O$）；还可作染料的媒染剂、木材防腐剂及杀虫剂等。

三、硫酸根离子的检验

硫酸根离子（SO_4^{2-}）存在于硫酸和可溶性硫酸盐溶液中。检验硫酸根离子可以利用硫酸钡的不溶性。

【演示实验 6-5】在分别盛有 2mL 0.1mol/L 的 H_2SO_4、Na_2SO_4 和 Na_2CO_3 的试管中，各滴加少量 $BaCl_2$ 溶液，观察现象。再在三支试管里分别加入少量的盐酸和稀硝酸，震荡试管，观察现象。

由实验可知，在 H_2SO_4、Na_2SO_4 和 Na_2CO_3 溶液中分别加入 $BaCl_2$ 后，都生成白色沉淀，反应离子方程式为：

$$Ba^{2+} + SO_4^{2-} \xlongequal{\quad} BaSO_4 \downarrow$$

$$Ba^{2+} + CO_3^{2-} \xlongequal{\quad} BaCO_3 \downarrow$$

当加入盐酸或硝酸后，白色沉淀不溶解的为 $BaSO_4$，溶解的为 $BaCO_3$。溶解 $BaCO_3$ 时有气体产生，离子方程式为：

$$BaCO_3 + 2H^+ \xlongequal{\quad} Ba^{2+} + CO_2 \uparrow + H_2O$$

多数不溶于水的钡盐，能溶于盐酸或稀硝酸，如磷酸钡。

可见，验证 SO_4^{2-} 的存在与否要用可溶性钡盐溶液和盐酸（或稀硝酸）。

第三节 氮

元素周期表中，氮元素位于第ⅤA 族，与磷（P）、砷（As）、锑（Sb）、铋（Bi）五种元素，构成氮族元素。

原子核外最外层具有 5 个电子的氮族元素，它的非金属性要比同周期的氧族和卤素都要弱，从氮到铋，非金属性逐渐减弱，金属性增强。氮和磷是典型的非金属元素，砷虽是非金属，但已具有金属性质。锑是金属元素，却具有非金属元素的一些性质。铋是比较典型的金属元素。

氮是较活泼的非金属元素，主要化合价有-3，-5 和+5 价。本节主要介绍氮及其重要的化合物。

一、氮气

空气中的主要成分是氮气，同时氮也以化合态的形式存在于无机物和有机物中。工业上，一般以空气为原料，利用液态氮与液态氧沸点的不同，来分离制备氮气。

（一）氮气的物理性质

纯净的氮气在水中的溶解度很小，通常 1 体积水只溶解 0.02 体积的氮气，比空气稍轻，是无色无味的气体。标况下，密度为 1.25g/L。在压强为 1.01×10^5Pa、温度为 77.4K 时，变为无色液体。在 63.3K 时，变成雪花状固体。

（二）氮气的化学性质

两个氮原子共用三对电子结合成的氮分子有三个共价键。其电子式和结构式分别为：

$$:N\vdots\vdots N: \quad 和 \quad N\equiv N$$

从氮分子的结构可知，当氮分子参加反应时，需破坏三个化学键，所需能量较大。所以氮气的性质十分稳定，很难与其他物质发生反应。但在高温高压下，氮分子能获得足够的能量，还是能与氢气、氧气、金属等物质发生化学反应。

1. 氮气与氢气的反应

氮气和氢气在高温高压和催化剂的作用下，直接化合成氨：

$$N_2 + 3H_2 \xrightleftharpoons{高温高压催化剂} 2NH_3$$

此反应为可逆反应，可用来合成氨。

2. 氮气与氧气的反应

在放电的条件下，氮气可以和氧气直接反应生成一氧化氮：

$$N_2 + O_2 = 2NO$$

在雷雨天，大气中常有 NO 产生。NO 不溶于水，在常温下生成二氧化氮（NO_2），二氧化氮是红棕色、有刺激性气味的气体：

$$2NO + O_2 = 2NO_2$$

NO_2 是有毒气体，易溶于水生成硝酸和 NO：

$$3NO_2 + H_2O = 2HNO_3 + NO$$

3. 氮气与金属反应

在高温下，氮气能与镁、钙等金属化合成氮化物。如

$$3Mg + N_2 \xlongequal{高温} Mg_3N_2$$

（三）氮气的用途

氮气是合成氨和制造硝酸的主要原料。氮气的化学性质很稳定，常用来填充灯泡，防止灯泡中钨丝氧化，也可作焊接金属的保护气。可用氮气保存水果、粮食等农副产品。高科技领域中的液冷技术也被广泛应用。如超导材料在液氮处理下获得超导性能。

二、氨和铵盐

（一）氨

在标准状况下，氨的密度为 0.771g/L，是比空气轻、无色有刺激性气味的气体。

在氨分子中，氮原子和三个氢原子是以共价键的形式结合的。氮原子是非金属性较强而原子半径很小的原子。因此，氨分子之间可以形成氢键。氢键形成，使得氨分子的吸引力增大。同时氨容易液化，在常压下冷却到 239.8K 时凝成液体。放出大量热的气态氨凝结成无色液体。而液态氨气化时要吸收大量的热，因此，氨可以作为制冷剂。

氨的化学性质主要表现在以下几个方面。

1. 氨与水的反应

由于氨分子与水分子间易形成氢键，所以氨极易溶于水。在常温下，1 体积的水约溶解 700 体积氨，形成氨水。它在水中以水合物（$NH_3 \cdot H_2O$）形式存在。氨水是弱电解质，在溶液中可以少部分电离出 NH_4^+ 和 OH^-，所以，氨水显弱碱性。其过程为：

$$NH_3 + H_2O \rightleftharpoons NH_3 \cdot H_2O \rightleftharpoons NH_4^+ + OH^-$$

2. 氨与酸的反应

【演示实验 6-6】 用两玻璃棒分别蘸取浓氨水和浓盐酸，使两玻璃棒靠近，观察现象。

从实验可观察到有大量白烟生成。这些白烟是氨水中挥发出的氨和盐酸中挥发出的氯化氢化合而形成的微小氯化铵晶体：

$$NH_3 + HCl \xlongequal{} NH_4Cl$$

氨同样也可以与其他酸化合而生成铵盐。

3. 氨与氧气的反应

氨在空气中不能燃烧，但在纯氧中可以燃烧，产物为 N_2 和 H_2O，同时发出黄色火焰：

$$4NH_3 + 3O_2 \xlongequal{\text{点燃}} 2N_2\uparrow + 6H_2O$$

在有催化剂的作用下，可与氧作用生成 NO：

$$4NH_3 + 5O_2 \xlongequal[\triangle]{Pt} 4NO\uparrow + 6H_2O$$

氨的催化氧化反应是工业上制取硝酸的基础。

在实验室中制取氨是通过铵盐和碱加热来反应的，如图 6-7 所示。

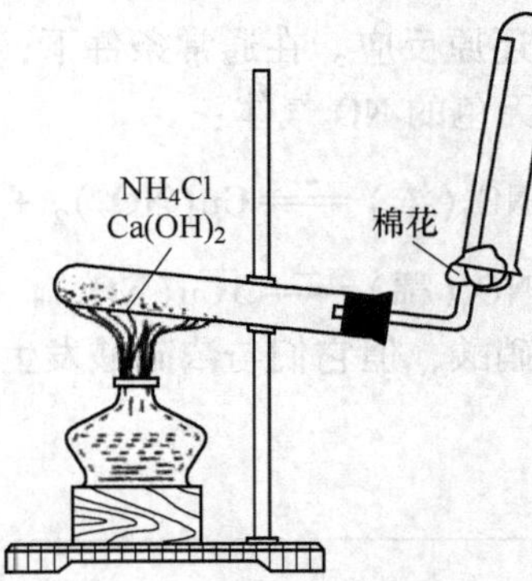

图 6-7　氨的制取

在实验室中通常通过碱石灰（NaOH 和 CaO）和吸收的水蒸气来制取。这种重要的化工原料——氨，不仅主要用于制造氮肥，还用来制取硝酸、铵盐、纯碱等。氨也是尿素、纤维、塑料等的有机原料。

（二）铵盐

铵盐多为无色晶体，易溶于水。共同特征是含有 NH_4^+。化学性质如下：

（1）受热易分解的铵盐。铵盐受热易分解，放出氨气（但 NH_4NO_3 例外）：

$$NH_4Cl \xlongequal{\triangle} NH_3\uparrow + HCl\uparrow$$

遇冷 NH_3 和 HCl 就会凝结成 NH_4Cl：

$$NH_4HCO_3 \xlongequal{\triangle} NH_3\uparrow + CO_2\uparrow + H_2O$$

（2）铵盐与碱反应。铵盐共同的特征是铵盐可以与碱反应放出氨气：

$$2NH_4Cl + Ca(OH)_2 \xlongequal{\triangle} CaCl_2 + 2NH_3\uparrow + 2H_2O$$

实验室就是利用铵盐的这一性质来制取氨气的，同样也可以利用此性质来检验铵离子

(NH_4^+) 的存在。

铵盐和碱溶液反应生成氨气的离子方程式为：

$$NH_4^+ + OH^- \xlongequal{\triangle} NH_3\uparrow + H_2O$$

三、硝酸及其盐

（一）硝酸

硝酸为无色、易挥发、具有刺激性气味的液体，沸点为356K，凝固点为231K，密度为1.50g/mL。它可与水以任意比例混合。一般市售硝酸的质量分数为65%～68%，98%的硝酸挥发出来的NO_2遇到水蒸气形成硝酸雾滴，形成发烟硝酸。

作为强酸的硝酸，除具有酸的通性外，还有其特殊的化学性质：

（1）不稳定性。见光或受热易分解的浓硝酸：

$$4HNO_3 \xlongequal{受热或见光} 4NO_2\uparrow + O_2\uparrow + 2H_2O$$

因此必须把浓硝酸装在棕色瓶里，储放在黑暗且阴凉的地方。

（2）氧化性。无论是浓硝酸还是稀硝酸都具有氧化性，它几乎能和所有的金属（除金、铂等少数金属外）发生氧化还原反应。在通常条件下，浓硝酸的还原产物为红棕色的NO_2气体，稀硝酸的还原产物为无色的NO气体：

$$Cu + 4HNO_3(浓) \xlongequal{\triangle} Cu(NO_3)_2 + 2NO_2\uparrow + 2H_2O$$

$$3Cu + 8HNO_3(稀) \xlongequal{\triangle} 3Cu(NO_3)_2 + 2NO_2\uparrow + 4H_2O$$

注意：铁、铝等金属溶于稀硝酸，但它们与浓硝酸发生钝化反应，因此可以利用铝槽车或铁容器来盛浓硝酸。

知识拓展

浓硝酸和浓盐酸的混合物（体积比3∶1）叫王水。氧化能力比硝酸还要强，可以溶解金、铂等金属。

浓硝酸还能氧化许多非金属，如碳、硫、磷等：

$$C + 4HNO_3(浓) \xlongequal{\triangle} CO_2\uparrow + 4NO_2\uparrow + 2H_2O$$

作为重要化工原料，“三酸”之一的硝酸，它主要用于生产各种硝酸盐、化肥、炸药等，还用来合成染料、药物、塑料等。硝酸也是常用的化学试剂。

（二）硝酸盐

硝酸盐是无色晶体，易溶于水。固态硝酸盐是不稳定的，加热易分解。不同的金属硝酸盐加热分解产物不同。在金属活动顺序表中，位于镁之前的金属硝酸盐分解生成亚硝酸盐，放出氧气。如：

$$2KNO_3 \xlongequal{\triangle} 2KNO_2 + O_2\uparrow$$

位于镁、铜（包括镁和铜）之间的金属硝酸盐，加热分解生成金属氧化物、二氧化氮和氧气：

$$2Cu(NO_3)_2 \xlongequal{\triangle} 2CuO + 4NO_2\uparrow + O_2\uparrow$$

位于铜之后的金属硝酸盐，加热分解生成金属单质、二氧化氮和氧气：

$$2AgNO_3 \xlongequal{\triangle} 2Ag + 2NO_2\uparrow + O_2\uparrow$$

从以上反应可见，硝酸盐热分解时都有氧气产生，所以许多硝酸盐在高温时都是供氧剂，如果与可燃物混合，一经点燃，会迅速燃烧甚至爆炸。基于此性质，硝酸盐获得了广泛的应用。

各种的硝酸盐被用于生产化肥和炸药，同样也被用于电镀、玻璃、染料、选矿和制药等工业。而硝酸盐也同样为常用的化学试剂。

第四节　碳和硅

在元素周期表中，第ⅣA 族元素包括碳（C）、硅（Si）、锗（Ge）、锡（Sn）、铅（Pb）五种元素，称为碳族元素。本族元素位于易失电子的主族元素和易得电子的主族元素之间，易生成共价化合物。它们的原子核最外层有 4 个电子，最高正价为+4 价，除此之外，还有+2 价。

碳族元素随着核外电子层数的增加，从上到下，由非金属性向金属性递变的趋势比氮族元素更明显。碳是典型的非金属元素；硅在化学反应中则显非金属性更为明显，但它具有金属光泽，可导电。锗的金属性比其非金属强；锡和铅则是典型的金属元素。

一、碳及其氧化物

碳在自然界中分布较为广泛，大多数以化合物的形式存在于碳酸盐、煤、石油、天然气和动植物中，石墨和金刚石则是天然存在的游离单质碳。

（一）单质碳

石墨、金刚石和无定形碳构成了碳的三种同素异形体，因而在性质上有很大的差别。

金刚石是原子晶体。碳原子间以很强的共价键结合，因而熔点高，硬度大，是用来加工生产磨具、道具和钻头的首选材料。也可加工金刚钻和钻石。

石墨是混合型晶体，具有良好的导电性和导热性。石墨的化学性质不活泼，加热至 973K 才能燃烧。在相当苛刻的（2000℃以上，1500MPa）条件下，石墨可以转变为人造金刚石。人造金刚石的硬度和天然金刚石的硬度相当，但是人造金刚石晶体较小，透明度较差。

晶体非常小的微晶形碳称为无定形碳。而木炭、焦炭、骨炭等都属于无定形碳，在无定形碳中都含有杂质。经活化处理以后，可以制成活性炭，工业上可用作制造防毒面具和回收某些有机物蒸气。无定形碳还可用来制造人造石墨和人造金刚石。

（二）一氧化碳（CO）和二氧化碳（CO_2）

碳在高温和氧气不足的情况下燃烧会生成比空气轻，而且无色、无味、无嗅的一氧化碳气体，在水中的溶解度较小。CO 有剧毒，对人体有害，一旦被吸入，易和人体内红血球中的血红蛋白结合，使红血球失去输送氧气的能力，引起中毒。

一氧化碳在纯氧或空气中燃烧时，会发出蓝色火焰，生成二氧化碳：

$$2CO + O_2 \xlongequal{点燃} 2CO_2$$

一氧化碳具有强烈的还原性，能从金属氧化物中夺取氧，使金属还原为单质。例如：

$$Fe_2O_3 + 3CO \xlongequal{\triangle} 2Fe + 3CO_2$$

这就是铁矿石（主要成分是铁的氧化物）被一氧化碳还原为金属铁的过程。

二氧化碳是无色、无嗅，比空气重的气体，密度为1.977g/L。易液化，溶于水。常温下、压强高于600kPa时，二氧化碳即可液化。液态的二氧化碳平时被储存在钢筒里。当从钢筒里倒出时，一部分迅速蒸发且吸收大量的热，剩余部分二氧化碳温度急剧降低，并凝结成雪花状固体，即“干冰”。干冰不经融化直接升华，常作为制冷剂使用。

想一想

在冬季，因生炉子而引起的煤气中毒是怎么回事？

二氧化碳无可燃性。高温下有氧化性，可氧化一些活泼金属如钠、镁、铝等，生成相应的氧化物。例如：

$$2Mg + CO_2 \xlongequal{\triangle} 2MgO + C$$

实验室常用盐酸和碳酸钙来制取二氧化碳：

$$CaCO_3 + 2HCl \xlongequal{\triangle} CaCl_2 + CO_2\uparrow + H_2O$$

在工业上，二氧化碳是重要的化工原料，用于制造纯碱、小苏打、碳酸氢铵、尿素等原料。二氧化碳密度比空气大，不可燃烧，常用作灭火剂。此外，还可用来制作碳酸饮料。

二、碳酸盐和碳酸氢盐

二氧化碳可溶于水。常温下，1体积水可溶解0.9体积的二氧化碳。溶于水中的二氧化碳与水发生反应生成碳酸。实验室用的蒸馏水或去离子水因为溶解了空气中的二氧化碳而呈微弱的酸性，其pH值小于7。碳酸很不稳定，仅存在于水溶液中。

碳酸是二元弱酸，在溶液中存在如下平衡：

$$CO_2 + H_2O \rightleftharpoons H_2CO_3 \rightleftharpoons H^+ + HCO_3^- \rightleftharpoons 2H^+ + CO_3^{2-}$$

碳酸可以形成两种盐，分为碳酸盐（正盐）和碳酸氢盐（酸式盐）。

酸式碳酸盐均溶于水。正盐中只有碱金属盐和铵盐易溶于水，其他金属的碳酸盐均难溶于水。

用某金属的可溶性盐溶液和碳酸钠作用，可得到该金属的碳酸盐。如：

$$CaCl_2 + Na_2CO_3 \xlongequal{} 2NaCl + CaCO_3\downarrow$$

反应的离子方程式为：

$$Ca^{2+} + CO_3^{2-} \xlongequal{} CaCO_3\downarrow$$

用碱液吸收CO_2，也可得到碳酸盐和酸式碳酸盐。产物最终是哪种类型的盐，取决于两种反应物的物质的量的比。反应的离子方程式为：

$$2OH^- + CO_2 = CO_3^{2-} + H_2O$$

或
$$OH^- + CO_2 = HCO_3^-$$

碳酸盐和碳酸氢盐可相互转化。碳酸盐在溶液中与二氧化碳反应，可转化为酸式盐，酸式盐与碱反应可转化为碳酸盐。例如：

$$CaCO_3 + CO_2 + H_2O = Ca(HCO_3)_2$$

$$Ca(HCO_3)_2 + Ca(OH)_2 = 2CaCO_3 \downarrow + 2H_2O$$

碱金属的碳酸盐相当稳定，其他金属的碳酸盐在高温下均能分解。如：

$$CaCO_3 \xlongequal{\triangle} CaO + CO_2 \uparrow$$

酸式碳酸盐热稳定性比相应的碳酸盐差一些，一般受热时可转化为正盐，且生成二氧化碳和水。钙、镁的酸式碳酸盐在水溶液中受热，即可转化为正盐。如：

$$Mg(HCO_3O)_2 \xlongequal{\triangle} MgCO_3 \downarrow + CO_2 \uparrow + H_2O$$

碳酸盐和酸式碳酸盐均能和酸进行复分解反应：

$$NaHCO_3 + HCl = NaCl + CO_2 \uparrow + H_2O$$

$$Na_2CO_3 + 2HCl = 2NaCl + CO_2 \uparrow + H_2O$$

利用此性质，可检验碳酸盐的存在。

三、硅及其重要化合物

在地壳中，硅的含量占地壳总量的27%。在自然界中，游离态的硅是不存在的，它主要是以二氧化硅和硅酸盐的形式存在。常见的砂子、玛瑙、水晶的主要成分即二氧化硅。

（一）硅

晶体硅是灰黑色、有金属光泽、质硬而脆的固体。硅有较高的熔点和沸点，硬度也很大。它的导电性介于导体和绝缘体之间，具有半导体的性质。

硅的化学性质极不活泼，常温下，除氟、氢氟酸和强碱溶液外，其他物质都不和硅发生反应。但加热时，硅能和一些非金属反应。把研磨后的硅加热后即生成二氧化硅，同时放出大量的热：

$$Si + O_2 \xlongequal{\triangle} SiO_2$$

高纯度的硅是优良的半导体材料，常用来制造半导体元件，如晶体管，集成电路，太阳能电池等。

（二）二氧化硅、硅酸

二氧化硅（SiO_2）又称硅石，它以晶体和无定形的形式存在。较纯净的晶体称为石英。无色透明的纯二氧化硅称为水晶。含有微量杂质的水晶呈现不同部分的颜色，如茶晶、紫晶、墨晶等。

二氧化硅不溶于水，与大多数的酸也不发生反应，但能与氢氟酸反应生成四氟化硅，因而不能用玻璃（含 SiO_2）器皿盛放氢氟酸。

$$SiO_2 + 4HF = SiF_4 \uparrow + 2H_2O$$

二氧化硅的用途很广。较纯净的石英用来制造普通玻璃和石英玻璃。二氧化硅还可以制造水泥、陶瓷、光纤维等。

硅酸有多种，有偏硅酸（H_2SiO_3）正硅酸（H_4SiO_4）等。常见的是偏硅酸，偏硅酸不能用二氧化硅和水制得，可用可溶的硅酸盐和盐酸制得。

$$Na_2SiO_3 + 2HCl = H_2SiO_3 \downarrow + 2NaCl$$

硅酸是一种比碳酸还弱的酸，是不溶于水的胶状沉淀。加热去水后成为无色稍透明、有网状多孔的固态胶体，工业上称为硅胶。

知识拓展

硅胶是一种很强吸附能力的干燥剂。通常用的是变色硅胶，是由无色硅胶用二氯化钴溶液浸泡，并干燥制得。无水 $CoCl_2$ 是蓝色，水合的 $CoCl_2 \cdot 6H_2O$ 显红色。所以可根据颜色来判断硅胶的吸水程度。另外，硅胶还可作为吸附剂及催化剂的载体。

本章小结

1. 卤素

（1）氯气及其重要的化合物；

（2）卤素的性质及卤离子的检验。

2. 氧和硫

（1）氧单质及其含氧化合物；

（2）硫单质及其含硫化合物；

（3）硫酸根离子的检验。

3. 氮

（1）氮气；

（2）氨和铵盐；

（3）硝酸及其盐。

4. 碳和硅

（1）碳及其重要的氧化物；

（2）硅及其重要的氧化物。

章节测试

一、填空题

1. 卤族元素位于元素周期表中第________族，包括________、________、________、________、________五种元素，其中原子的最外层有________个电子，是典型的________元素。从氟到碘，________逐渐减弱，其中________是最活泼的非金属元素。
2. 氯气溶于水时，发生可逆反应。其反应方程式为：________。
3. 次氯酸稳定性________，光照下迅速分解，反应式为________。
4. 氧元素位于元素周期表中第________族，包括________、________、________、________和________五种元素，它们原子的最外层有________个电子，随核电荷数的增加，原子半径逐渐________，原子核吸引电子的能力依次________。因此，金属性逐渐

__________，非金属性依次__________。

5. 二氧化碳溶于水生成__________，它是一种__________酸。
6. 二氧化硅又称为__________，有__________和__________两种形态；较纯净的二氧化硅称为__________；无色透明的纯石英称为__________。

二、选择题

1. 下列物质中属于纯净物的是（　　）。
   A. 氯水　B 液氯　C. 漂白粉　D. 盐酸
2. 除去氯气中的水蒸气，应将气体通过（　　）。
   A. 浓硫酸　B. 固体 NaOH　C. NaOH 溶液　D. 干燥的石灰
3. 下列物质中不能起漂白作用的是（　　）。
   A. Cl_2　B. $CaCl_2$　C. HClO　D. $Ca(ClO)_2$
4. 用氯酸钾制取氧气时，二氧化锰的作用是（　　）。
   A. 还原剂　B. 催化剂　C. 氧化剂　D. 既不是氧化剂又不是还原剂
5. 下列酸中能腐蚀玻璃的是（　　）。
   A. 氢氟酸　B. 盐酸　C. 硫酸　D. 硝酸
6. 鉴别 Cl^-、Br^-、I^-可以选用的试剂是（　　）。
   A. 碘水、淀粉溶液　B. 溴水　四氯化碳
   C. 淀粉　碘化钾溶液　D. 硝酸银　稀硝酸溶液
7. 下列关于 O_2 和 O_3 的性质比较，正确的是（　　）。
   A. O_3 比 O_2 稳定性强　B. O_3 比 O_2 氧化性强
   C. O_3 比 O_2 还原性强　D. 无差异
8. 对于 H_2O_2 性质的描述正确的是（　　）。
   A. 只有强氧化性　B. 既有氧化性又有还原性
   C. 只有还原性　D. 很稳定，不易发生分解
9. 下列物质中，硫元素只具有还原性的是（　　）。
   A. S　B. SO_2　C. H_2S　D. H_2SO_4
10. 在与金属反应中，硫比较容易（　　）。
    A. 得到电子，是还原剂　B. 失去电子，是还原剂
    C. 得到电子，是氧化剂　D. 失去电子，是氧化剂
11. 实验室用硫酸亚铁与酸反应制取硫化氢气体时，可选用的酸是（　　）。
    A. 浓 H_2SO_4　B. 稀 H_2SO_4　C. 浓盐酸　D. 稀 HNO_3
12. 质量相等的二氧化硫和三氧化硫，所含氧原子数目之比是（　　）。
    A. 1：1　B. 2：3　C. 6：5　D. 5：6
13. 在常温下，下列物质可盛放在铁质或铝制容器中的是（　　）。
    A. 浓 H_2SO_4　B. 稀 H_2SO_4　C. 稀盐酸　D. $CuSO_4$ 溶液
14. 下列反应中即表现了浓硫酸的酸性，又表现了浓硫酸的氧化性的是（　　）。
    A. 与铜的反应　B. 使铁钝化　C. 与碳反应　D. 与碱反应
15. 浓硫酸能与 C、S 等非金属反应，是因为它是（　　）。
    A. 强酸　B. 强氧化剂　C. 脱水剂　D. 吸水剂
16. 氮分子结构很稳定的原因是（　　）。
    A. 氮分子是双原子分子
    B. 在常温，常压下，氮分子是气体

C. 氮是分子晶体

D. 氮分子中有三个共价键，其键能大于一般的双原子分子

17. 下列关于氨的叙述中，错误的是（　　）。

A. 是一种制冷剂　　B. 氨在空气中可以燃烧

C. 氨极易溶于水　　D. 氨水是弱碱

18. 下列气体的制取中，与氨气的实验室制取装置相同的是（　　）。

A. Cl_2　　B. CO_2　　C. H_2　　D. O_2

19. 能将 NH_4Cl、$(NH_4)_2SO_4$、NaCl、Na_2SO_4 四种溶液一一区分的试剂是（　　）。

A. $BaCl_2$ 溶液　　B. $AgNO_3$ 溶液　　C. NaOH 溶液　　D. $Ba(OH)_2$ 溶液

20. 下列元素中金属性最强的是（　　）。

A. 碳　　B. 硅　　C. 锗　　D. 铅

21. 下列各叙述中，不正确的是（　　）。

A. 碳族元素的单质中有自然界中最硬的物质

B. 碳族元素容易生成共价化合物

C. 碳族元素的单质都可以导电

D. 同一周期的碳元素的金属性比氮族元素的金属性强

三、判断题（下列叙述对的打“√”，错的打“×”）

1. 液氯能使湿润的有色布条褪色，干燥的有色布条则不褪色。（　　）
2. 在氯水，液氯和含氯的空气中，都含有氯单质。（　　）
3. 盐酸就是液态氯化氢。（　　）
4. 与硝酸银溶液反应有白色沉淀生成的物质中必定含有氯离子。（　　）
5. I^- 和 I_2 一样，遇淀粉变蓝。（　　）
6. 可以用湿润的 KI 淀粉试纸来检测氯气。（　　）
7. 二氧化硫，漂白粉，活性炭都能使红墨水褪色，其褪色原理是相同的。（　　）
8. 氢硫酸除与碱、盐等物质反应表现出酸性外，还具有氧化性和还原性。（　　）
9. 铜与浓硫酸反应，生成二氧化硫，这是因为浓硫酸具有强氧化性。（　　）
10. 蔗糖中加入浓硫酸，变成多孔的碳，这是由于浓硫酸具有强吸水性。（　　）
11. 浓硫酸常用作气体的干燥剂，因此可用来干燥氨气。（　　）
12. 硝酸具有酸的通性，能与活泼的金属反应放出氢气。（　　）
13. 硝酸容易挥发，应保存在密闭、透明的试剂瓶中。（　　）

四、计算题

1. 含 MnO_2 质量分数为 0.78 的软锰矿 150g，与足量的浓盐酸反应，可以制得氯气多少克？
2. 11.2L Cl_2 和 11.2L H_2 一起反应，生成 HCl 气体多少升（气体体积均按标准状况计）？把生成的 HCl 都溶解在 328.5g 水中，形成密度为 $1.047g/cm^3$ 的盐酸，计算这种盐酸的物质的量的浓度。
3. 11.7g NaCl 与 10g 质量分数为 0.98 的 H_2SO_4 反应。微热时生成 HCl 多少克？继续加热到 773K 以上时，又生成 HCl 多少克？
4. 9g 硫粉在氧气中完全燃烧，生成二氧化硫的物质的量为多少？这些二氧化硫在标准情况时的体积是多少升？
5. 已知含 FeS_2 质量分数为 0.72 的黄铁矿在煅烧时有 15% 的硫损失，计算这种黄铁矿 1 吨能制得 SO_2 多少吨？这些 SO_2 在标准状况下占体积的多少立方米？

6. 要使20g铜完全反应，最少需用质量分数为0.96的浓硫酸多少毫升（密度为1.84g/cm^3），生成硫酸铜多少克？
7. 0.3mol的铜与稀硝酸反应，在标准状况下能生成NO多少升？
8. 21.4g NH_4Cl与过量消石灰作用，在标准状况下能生成氨气多少升？
9. Na_2CO_3和$NaHCO_3$的混合物9.5g与足量的浓盐酸反应，在标准状况下放出22.4L的气体，问Na_2CO_3和$NaHCO_3$各多少克？

五、问答题

1. 写出氯气和Na、Cu、P反应的化学方程式。
2. 实验室中制取氯的反应方程式如下：

$$4HCl+MnO_2 = MnCl_2+Cl_2\uparrow+2H_2O$$

（1）上式哪种元素被氧化了，哪种元素被还原了？

（2）二氧化锰在反应中起什么作用？

（3）由高锰酸钾制氧时，也用到二氧化锰，它是否也起同样的作用。

3. 有三只失去标签的试剂瓶，分别盛有NaCl、NaBr、KI三种溶液，试用两种化学方法鉴定这三种溶液，并写出相关反应式。
4. 硫化氢的水溶液，在空气中放置一段时间易出现浑浊现象，试解释其原因，写出有关的化学方程式。
5. 怎样鉴别硫酸钡和碳酸钡？写出有关反应的化学方程式和离子方程式。
6. 有一种白色晶体，它与NaOH共热时，放出一种无色的气体，这种气体能使湿润的红色石蕊试纸变蓝；与浓H_2SO_4共热时，放出一种无色具有刺激性气味的气体，这种气体能使湿润的蓝色石蕊试纸变红。如果这两种气体相遇会产生白烟。问原来的白色晶体可能是什么物质，写出有关反应的化学方程式。
7. 如何区别Na_2CO_3、$NaNO_3$、NaCl、Na_2SiO_3四种溶液？写出实验现象和有关的离子方程式。
8. 实验室盛放碱（NaOH）溶液的玻璃瓶试剂为什么不用玻璃塞而用橡皮塞？写出有关反应的化学方程式。
9. 为什么钢铁制品在焊接或电镀前要用盐酸清洗，金属铸件上的砂子可用氢氟酸除去？
10. 某酸A和正盐B作用，放出无色，有刺激性气味的气体C，C可使品红溶液褪色；当C和烧碱作用后可得B；C氧化后的产物是D；D被水吸收又得到A。试指出A、B、C、D各是何物质，并写出有关的化学方程式。

第七章　常见金属元素及其化合物

在现已发现的一百多种元素中，大约有80%都是金属元素。金属不仅种类繁多，同时，在国防、工业和日常生活中都发挥了十分重要的作用，小到日常家电，大到载人航天器，都离不开金属。

第一节　金属概论

一、金属的理化性质

常温下，除汞以外的金属都具有晶体结构。在这种结构中，金属原子为了连接更加紧密坚实，每个原子都尽可能多的拥有相邻的原子和离子，并以有规则的几何图形堆积着，形成金属晶体。在金属晶体中，金属原子上的自由电子从原子上脱离，几乎均匀分布在整个金属结构内部。金属晶体的特殊结构，决定金属有很多共同性质。

（一）金属的物理性质

金属有很多共同的物理性质，主要表现在：

（1）具有金属光泽。金属晶体都具有金属光泽。但是这种光泽一般只有在金属整块存在时才能表现出来。若被研磨成粉末，大部分金属都变成黑色或暗灰色，只有镁、铝等少量金属仍保持光泽。

（2）导电性。由于金属晶体中大量存在自由电子，所以当有外加电场时，这些自由电子发生定向移动，形成电流。金属的导电性会随温度升高而减弱。

（3）导热性。金属具有良好的导热性，因此常被用于换热器、散热材料或炊具等。

（4）延展性。金属具有延展性，且其延展性随温度升高而增大。正是利用这一性质，人们通常在高温下，将金属锻打成型或抽拉成丝。

（二）金属的化学性质

观察金属元素在元素周期表中的位置，我们不难看出，多数金属元素原子的最外层电子数少于4。因此，在化学反应过程中，金属原子最外层容易失去电子，自身变成阳离子，具有还原性。由于金属原子失去电子的难易程度不同，所以其还原性也有差别。越容易失去电子的金属，还原性越强，越容易与其他物质反应。

金属的化学性质主要表现在：

（1）能够和氧、硫、卤素等非金属反应。例如：

$$2Cu + O_2 = 2CuO$$

$$Fe + S = FeS$$

$$2Fe + 3Cl_2 = 2FeCl_3$$

（2）能够和酸发生置换反应，生成氢气和对应的盐；和盐溶液反应，置换出活动性相对较弱的金属：

$$Fe + 2HCl \xlongequal{} FeCl_2 + H_2$$

$$Fe + CuSO_4 \xlongequal{} FeSO_4 + Cu$$

二、金属的冶炼

金属在自然界中大都以化合态存在于矿石中，只有极少数不活泼金属以游离态存在，如金、铂等。金属冶炼就是从矿石中制取游离态金属的过程，反应是利用还原剂将化合物中的金属阳离子还原为金属单质。金属活泼性不同，所有还原剂也有所差别。

（一）电解还原法

对于活动性顺序在 Al 之前的活泼金属，其化合态十分稳定，只能通过电解的方法进行冶炼。例如，通过电解熔融氧化铝来冶炼金属铝：

$$2Al_2O_3 \xlongequal{电解} 4Al + 3O_2\uparrow$$

（二）高温化学还原法

对于活动性顺序在 Al 到 Hg 之间的金属，其化合物较为稳定，需要与还原剂共热才能被还原。常用的还原剂包括 C、CO、H_2 和更活泼的金属 Al、Mg 等：

$$Fe_2O_3 + 3CO \xlongequal{} 2Fe + 3CO_2$$

（三）热分解法

对于活动性顺序在 Cu 之后的金属，其化合态不稳定，只要在空气中加热，就可以得到金属单质。例如金属汞的冶炼：

$$HgS + O_2 \xlongequal{} Hg + SO_2$$

三、金属的腐蚀与防护

生活中经常会见到铜、铁、银等金属在潮湿的环境中生锈的现象。我们把这种由于金属和周围物质发生化学反应而引起金属损耗的现象叫做金属的腐蚀。金属的腐蚀不仅会损耗金属，影响美观，在生产中还会引起产品质量下降、环境污染，甚至引发生产事故。

金属腐蚀一般分为化学腐蚀和电化学腐蚀两种。

（一）化学腐蚀

化学腐蚀是指金属直接与周围介质发生氧化还原反应而造成的腐蚀。金属与干燥的气体（如 O_2、SO_2、H_2S、Cl_2 等）接触时发生化学反应，在金属表面生成相应的化合物。化学腐蚀一般只发生在金属的表面。部分金属与物质发生反应后在其表面生成一层氧化膜，反而可以保护金属免于进一步被腐蚀。例如铝被空气氧化后，形成一层 Al_2O_3 薄膜，避免铝的进一步氧化。

（二）电化学腐蚀

电化学腐蚀是指金属与电解质溶液接触时，由电化学作用引起的腐蚀，其根本原理是原电池原理。

日常生活生产中的钢铁腐蚀是典型的电化学腐蚀。钢铁制品在潮湿的空气中时，表面形成一层水膜，水膜中溶有少量 CO_2（或其他酸性气体），水膜中存在如下电离平衡：

$$CO_2 + H_2O \rightleftharpoons H_2CO_3 \rightleftharpoons HCO_3^- + H^+$$

$$H_2O \rightleftharpoons H^+ + OH^-$$

钢铁的主要成分是 Fe，同时含有少量的 C。这时，他们类似于同时存在于一种电解质溶液中，形成了以 Fe 为负极，C 为正极的很多微型原电池。其电极反应为：

负极(Fe) $Fe - 2e \longrightarrow Fe^{2+}$

正极(C) $2H^+ + 2e \longrightarrow H_2$

电池反应 $Fe + 2H_2O \longrightarrow 2Fe(OH)_2 + H_2\uparrow$

随着原电池反应的进行，两极不断生成 Fe^{2+} 和 H_2，H^+ 的不断消耗促使水的电离不断进行，水膜中 OH^- 的浓度越来越高，Fe^{2+} 与 OH^- 结合，生成 $Fe(OH)_2$，这样钢铁很快被腐蚀。$Fe(OH)_2$ 又被空气中的氧气氧化，生成 $Fe(OH)_3$ 沉淀。

$$Fe^{2+} + OH^- = Fe(OH)_2$$

$$4Fe(OH)_2 + O_2 + 2H_2O = 4Fe(OH)_3\downarrow$$

$Fe(OH)_3$ 及其脱水产物 Fe_2O_3 是铁锈的主要成分。

上述腐蚀过程由于有氢气析出，因此被称为析氢腐蚀。析氢腐蚀通常在水膜酸性较强的情况下进行。

当水膜酸性很弱或者接近中性时，原电池负极反应没有变化，正极发生的反应主要是溶解在水膜中的氧气被还原。

负极(Fe) $Fe - 2e \longrightarrow Fe^{2+}$

正极(C) $O_2 + 2H_2O + 4e \longrightarrow 4OH^-$

电池反应 $2Fe + 2H_2O + O_2 \longrightarrow 2Fe(OH)_2$

然后 $Fe(OH)_2$ 被氧化成 $Fe(OH)_3$，$Fe(OH)_3$ 部分脱水形成铁锈。在这个过程中，空气中的氧气溶解于水膜后，促进了钢铁的腐蚀。这种腐蚀过程称为吸氧腐蚀，是造成钢铁等金属腐蚀的主要原因。

金属腐蚀对生产生活会产生很多影响，造成很大的损失，因此，我们应尽量避免金属腐蚀的发生。

常用的防止金属腐蚀的方法有以下几种：

1. 保护层

在金属的表面涂一层油漆、沥青、塑料等非电解质材料，可以将金属与介质隔绝起来，避免金属的腐蚀。不易被腐蚀的金属、合金等也可作为保护层，例如镀锌铁皮和镀锡铁皮，就是在铁皮表面涂了锌和锡作为保护层。

需要注意的是，镀锡铁皮只有在镀层保持完整的情况下才能起到保护层的作用。如果镀层被破坏，内层铁皮被暴露出来，当空气比较潮湿时，会形成以铁为负极、锡为正极的原电池，铁不断被氧化，铁的腐蚀反而被加速。镀锌铁皮破损时，由于形成的是锌铁原电池，锌作为负极被氧化，但铁仍然被保护，直至整个锌保护层完全被腐蚀。而锌被氧化后形成的碱式碳酸盐致密且抗腐蚀，又能起到一定的保护作用。所以一般水管等多用镀锌铁。

2. 电化学保护

金属的防护，还可以利用电化学原理，在需保护的金属表面连接比较活泼的金属，使被保护的金属作为正极，活泼金属作为负极，从而起到保护金属的作用。例如，在轮船外壳的水线以下焊接金属锌块，可以保护船壳体不被腐蚀。

3. 制成合金

将两种或两种以上的金属（或金属与非金属）融合在一起，可制成合金。合金较金属单质而言，抗腐蚀能力更强。例如，在铁中加入18%铬制得的合金能耐硝酸的腐蚀。

第二节 钠及钠的化合物

元素周期表中的ⅠA族元素，除氢以外，都是典型的金属元素，包括锂、钠、钾、铷、铯、钫。这些金属的氧化物的水化物都是可溶性强碱，因此，我们将它们统称为碱金属。

碱金属原子最外层电子只有一个，因此在化学反应中容易失去一个电子，形成稳定的+1价阳离子，因此碱金属都具有很强的还原性，且原子电子层数越多，金属越活泼。

在本节中我们将以钠为例，学习碱金属的性质。

一、钠

金属钠呈银白色，质地软，可用刀切割。钠的熔点为371K，沸点为1156K，密度小于水。由于钠化学性质活泼，在自然界中不能以游离态存在，只能以化合态存在，例如氯化钠等。

【实验7-1】用镊子在煤油中取出金属钠，用滤纸吸干表面的煤油，再用小刀切割一小块，观察断面颜色变化。把一小块钠放在燃烧匙里加热，观察反应现象。

现象：____

刚刚切开的金属钠断面呈现银白色，之后很快变暗，这是由于金属钠与空气中的氧气发生反应，生成氧化钠，氧化钠吸收空气中的二氧化碳，转化为碳酸盐：

$$4Na + O_2 \xlongequal{} 2Na_2O$$

$$Na_2O + CO_2 \xlongequal{} Na_2CO_3$$

钠在空气中受热后燃烧，火焰呈黄色，生成淡黄色的过氧化钠固体：

$$2Na + O_2 \xlongequal{\text{燃烧}} Na_2O_2$$

【实验7-2】向盛有水的烧杯中滴加几滴酚酞溶液，然后将一小块金属钠放入烧杯。观察钠与水反应的现象以及溶液颜色的变化。

现象：____

金属钠浮在水面上，说明钠的密度比水小；钠的化学性质活泼，能与水发生剧烈反应，反应放出的热量使金属钠熔成小球，小球在水面上迅速游动；反应后溶液由无色变为粉红色，说明反应生成了碱性物质。

反应方程式为：

$$2Na + 2H_2O \xlongequal{} 2NaOH + H_2\uparrow$$

正是由于钠的化学性质活泼，易与空气中的氧气和水发生反应，所以钠通常保存在煤油中。

二、钠的重要化合物

（一）过氧化钠（Na_2O_2）

过氧化钠是淡黄色固体粉末，容易吸潮，受热稳定。

过氧化钠遇水或稀酸会发生反应，生成 H_2O_2。H_2O_2 不稳定，易分解生成氧气。

$$Na_2O_2 + 2H_2O = 2NaOH + H_2O_2$$

$$Na_2O_2 + 2HCl = 2NaCl + H_2O_2$$

$$2H_2O_2 = 2H_2O + O_2\uparrow$$

上述反应常用于在实验室中制取少量氧气或过氧化氢。

知识拓展

过氧化钠的应用

过氧化钠也可与二氧化碳反应产生氧气。反应方程式为：

$$2Na_2O_2 + 2CO_2 = 2Na_2CO_3 + O_2$$

利用这一反应，Na_2O_2 可用于呼吸面具，与人体呼出的 CO_2 反应生成 O_2，避免因缺氧造成窒息。潜水艇在紧急情况下也可用 Na_2O_2 来提供氧气。

（二）氢氧化钠（NaOH）

氢氧化钠是白色固体，极易潮解，易溶于水。氢氧化钠溶于水时，会放出大量的热，且其浓溶液有强烈腐蚀性，所以氢氧化钠又被称为火碱、烧碱、苛性钠。

氢氧化钠是强碱，具有碱的通性，能够与酸、酸性氧化物、盐等物质发生反应。

$$2NaOH + CO_2 = Na_2CO_3 + H_2O$$

$$2NaOH + SiO_2 = Na_2SiO_3 + H_2O$$

由于氢氧化钠与二氧化硅反应生成的硅酸钠水溶液具有黏性，所以实验室盛放氢氧化钠的试剂瓶应使用橡胶塞，不能使用玻璃塞。

氢氧化钠是重要的化工原料，主要用于生产肥皂、燃料、药物等，在造纸和精炼石油时也有重要应用。

工业上一般用电解食盐水的方法来制备氢氧化钠。

$$2NaCl + 2H_2O \xlongequal{\text{电解}} 2NaOH + H_2\uparrow + Cl_2\uparrow$$

（三）碳酸钠 Na_2CO_3 和碳酸氢钠 $NaHCO_3$（表 7-1）

表 7-1 碳酸钠 Na_2CO_3 和碳酸氢钠 $NaHCO_3$ 性质对比

性质	Na_2CO_3	$NaHCO_3$
俗名	纯碱，苏打	小苏打
色态	白色粉末	白色晶体
水溶液的酸碱性	碱性 原因：CO_3^{2-} 的水解 $CO_3^{2-} + H_2O \rightleftharpoons HCO_3^- + OH^-$ $HCO_3^- + H_2O \rightleftharpoons H_2CO_3 + OH^-$	碱性 原因： 水解：$HCO_3^- + H_2O \rightleftharpoons H_2CO_3 + OH^-$ 电离：$HCO_3^- \rightleftharpoons CO_3^{2-} + H^+$ 水解大于电离
水溶性	易溶于水	可溶于水

续表 7-1

性质	Na_2CO_3	$NaHCO_3$
与盐酸	总反应： $CO_3^{2-} + 2H^+ \longequal CO_2\uparrow + H_2O$ 第一步：$CO_3^{2-} + H^+ \longequal HCO_3^-$ 第二步：$HCO_3^- + H^+ \longequal CO_2\uparrow + H_2O$	更剧烈 $HCO_3^- + H^+ \longequal CO_2\uparrow + H_2O$
与 NaOH 反应（离子方程式）	不反应	$HCO_3^- + OH^- \longequal CO_3^{2-} + H_2O$
热稳定性（化学方程式）	稳定	$2NaHCO_3 \longequal Na_2CO_3 + CO_2\uparrow + H_2O$
与 CO_2 反应（离子方程式）	$CO_3^{2-} + CO_2 + H_2O \longequal 2HCO_3^-$	不反应
用途	制取化工原料（如工业制玻璃）、洗涤剂	食品发酵、治疗胃酸过多、泡沫灭火器
相互转化	$Na_2CO_3 \underset{\triangle\text{ 或 }OH^-}{\overset{CO_2\text{ 或 }H^+ + H_2O}{\rightleftharpoons}} NaHCO_3$	

牛刀小试

1. 金属钠为什么要保存在煤油中？
2. Na_2O_2 为什么能够作为潜水艇中的供氧剂？
3. 我们常说的苏打和小苏打是什么物质，它们在生活中有什么应用？

第三节 铝及铝的重要化合物

铝在自然界中分布非常广泛，在地壳中的含量仅次于氧和硅。铝主要以铝硅酸盐的形式存在于自然界中，比如长石、黏土、云母、铝矾土、冰晶石等。

知识拓展

曾经“金属中的贵族”

有这么一个故事，传说在古罗马，一个陌生人去拜见罗马皇帝泰比里厄斯（Tiberius），献上一只金属杯子，杯子像银子一样闪闪发光，但是分量很轻。它是这个人从黏土中提炼出的新金属。但这个皇帝表面上表示感谢，心里却害怕这种光彩夺目的新金属会使他的金银财宝贬值，就下令把这位发明家斩首。从此，再也没有人动过提炼这种“危险金属”的念头，这种新金属就是现在大家非常熟悉的铝。

在 19 世纪以前，铝被认为是一种稀罕的贵金属，价格比黄金还要贵。当一个欧洲君主买了一件铝制纽扣的衣服时，他就瞧不起那些买不起这种奢侈品的其他君主。而没有铝纽扣衣服的君主，又是多么渴望有朝一日自己也能穿上这种铝纽扣的衣服。在法国拿破仑三世统治时期，就曾经发生过现在看来很好笑的一件事情。在一个国王举办的盛宴上，只有王室成员和贵族来宾才能荣幸地用铝匙和铝叉用餐。当然，被伤了脸面的客人们是无论如何吃不好这顿盛餐的了。此外，为了让其他国王羡慕自己，他花了大量资金让他的警卫部队的卫士穿上铝胸甲，铝铠甲的确太昂贵了，其他国王无能为力。俄罗斯作家车尔尼雪夫斯基（Chernyshevsky）曾在他的小说《怎么办》（1863 年）中写到：终有一天，铝将代替木材，甚至可能代替石头。看，这一切是多么奢侈，到处都是铝。1889 年，当门捷列夫在伦敦时，为了表彰他的伟大勋业，他被赠予一件贵重奖品——用金和铝制作的天平。

其实，这些都不足为奇，因为铝的价值贵贱，完全取决于炼铝工业的水平。随着铝产量的增加，铝价也就下降。1854 年，1 公斤铝需 1200 卢布，而到了 19 世纪末就降到 1 卢布。显然，珠宝商人已经对铝完全失去了兴趣，但是，铝却立即吸引了整个工业界。1818 年，用铝合金造出了第一架飞机，从此以后，铝的命运就牢固地与飞机制造业联系在一起了，因而铝被誉为“带翼的金属”。

一、金属铝

（一）铝的物理性质

铝是银白色的固体，有金属光泽，硬度和密度较小，具有良好的延展性和传热、导电性。

（二）铝的化学性质

铝是第三周期ⅢA 族元素，其原子最外层有 3 个电子，在化学反应中容易失去 3 个电子形成+3 价阳离子。但是与其他金属相比，铝原子失去电子能力较弱。

1. 与氧气反应

常温下，铝能与空气中的氧气反应：

$$4Al + 3O_2 \xlongequal{\triangle} 2Al_2O_3$$

金属铝与氧气反应，在铝的表面生成致密而坚固的氧化膜，金属铝失去金属光泽，氧化膜能保护内部金属不再进一步被氧化。因此，铝制品具有一定的抗腐蚀性。

若在点燃条件下，铝在氧气中剧烈燃烧，放出大量的热，同时发出耀眼的白光。利用这一性质，铝常在军事上用于制造照明弹和燃烧弹。

2. 与金属氧化物反应

铝不仅能与空气中的氧气反应，而且能与某些金属氧化物发生氧化还原反应，并放出大量的热。例如：

$$2Al + Fe_2O_3 \xlongequal{\quad} 2Fe + Al_2O_3$$

此反应放出大量的热，能够使产物熔化，这个反应被称作铝热反应，常用来焊接金属。

3. 与酸和碱的反应

【演示实验 7-3】 观察实验现象。

（1）铝箔放入冷的浓硫酸中；

（2）铝箔放入 3mol/L 的 HCl 溶液中；

（3）铝箔放入 30% NaOH 溶液中。

通过观察可以发现：铝箔在冷的浓硫酸中没有明显现象，这是因为在冷的浓硫酸或浓硝酸中，铝的表面会生成致密的氧化膜，铝被“钝化”；铝在稀盐酸中发生反应，生成的气体点燃时爆鸣；铝箔在氢氧化钠溶液中同样发生反应，生成的气体点燃时也会爆鸣。

铝在稀盐酸中的反应：

$$2Al + 6HCl \xlongequal{} 2AlCl_3 + 3H_2\uparrow$$

铝在氢氧化钠溶液中的反应：

$$2Al + 2NaOH + 2H_2O \xlongequal{} 2NaAlO_2 + 3H_2\uparrow$$

铝既能与酸反应，也能与碱反应，是两性元素。

二、铝的重要化合物

（一）氧化铝（Al_2O_3）

氧化铝是一种不溶于水的白色固体。它是典型的两性化合物，既能与酸反应生成铝盐，又能与碱反应生成偏铝酸盐。

$$Al_2O_3 + 6HCl \xlongequal{} 2AlCl_3 + 3H_2O$$

$$Al_2O_3 + 2NaOH \xlongequal{} 2NaAlO_2 + H_2O$$

在自然界中，铝的氧化物主要存在于铝土矿中，它可用于提取纯氧化铝。

氧化铝用途广泛。经活化处理的氧化铝称为活性氧化铝，吸附能力强，常被用于催化剂的载体和实验室的色层分析；以氧化铝为原料，利用电解的方法可以生产金属铝；氧化铝是较好的耐火材料，可用于制造耐火坩埚、耐火管等；高温煅烧的氧化铝晶体，称为刚玉，化学性质稳定，硬度仅次于金刚石。

（二）氢氧化铝（$Al(OH)_3$）

氢氧化铝是白色胶状物质，不溶于水，有强的吸附性，可以吸附水中的悬浮物和各种色素。氢氧化铝是两性化合物，既能与酸反应生成铝盐，也能与碱反应生成偏铝酸盐。

$$Al(OH)_3 + NaOH \xlongequal{} NaAlO_2 + 2H_2O$$

$$Al(OH)_3 + 3HCl \xlongequal{} AlCl_3 + 3H_2O$$

$Al(OH)_3$ 具有两性的原因：

$$H^+ + AlO_2^- + H_2O \rightleftharpoons Al(OH)_3 \rightleftharpoons Al^{3+} + 3OH^-$$

氢氧化铝是胃舒平等胃药的主要成分，可治疗胃溃疡和胃酸过多，还可用作净水剂。

（三）硫酸铝钾（$KAl(SO_4)_2$）

由两种不同的金属离子和一种酸根离子组成的盐叫复盐。硫酸铝钾就是一种复盐，在水溶液中能够电离出两种金属阳离子：

$$KAl(SO_4)_2 \xlongequal{} K^+ + Al^{3+} + 2SO_4^{2-}$$

十二水合硫酸铝钾（$KAl(SO_4)_2 \cdot 12H_2O$）俗称明矾，是一种无色晶体。明矾溶于水后能够水解产生氢氧化铝，用来吸附水中的杂质，使水澄清，所以明矾可用作净水剂。

牛刀小试

铝热法的原理是怎样的？

第四节 铁及铁的化合物

知识拓展

铁的历史

铁制物件被发现于公元前 3500 年的埃及。它们包含 7.5% 的镍，表明它们来自流星。约公元前 1500 年，古代小亚细亚半岛（也就是现今的土耳其）的赫梯人从铁矿石中熔炼铁，这种新的、坚硬的金属给了他们经济和政治上的力量。某些种类的铁明显优于其他的，取决于它的碳含量。某些铁矿石包含钒，生产出叫作大马士革的钢，很适合制剑。第一个解释不同类型的铁的人是 René Antoine Ferchault de Réaumur，他于 1722 年写了一本书，解释了为什么钢、熟铁和铸铁含有一定量的木炭后性能会更卓越。工业革命在同一世纪开始，当时就大规模地依赖于这种金属。

在我国，从战国时期到东汉初年，铁器的使用开始普遍起来，成为我国最主要的金属制品。铁的化合物四氧化三铁就是磁铁矿，是早期司南的材料。

一、铁

铁元素位于元素周期表第四周期第Ⅷ族，原子序数是 26。铁的化合价有+2 和+3 价，+3 价更为稳定。

铁是银白色金属，具有金属光泽。铁具有良好的延展性、导电性和导热性。铁能被磁铁吸引，具有铁磁性。

在常温下，铁的化学性质比较稳定，在干燥的空气中几乎不与氧、硫、氯气发生反应，所以工业上常用钢瓶储运干燥的氯气和氧气。在加热时，铁的化学性质比较活泼，能够与这些物质发生反应。

$$Fe + S \xlongequal{\triangle} FeS$$

$$2Fe + 3Cl_2 \xlongequal{点燃} 2FeCl_3$$

红热的铁能够与水蒸气发生反应。

$$3Fe + 4H_2O \xlongequal{高温} Fe_3O_4 + 4H_2$$

此外，铁还能与盐酸、稀硫酸和金属盐溶液发生置换反应。

$$Fe + 2H^+ = Fe^{2+} + H_2\uparrow$$

$$Fe + Cu^{2+} = Fe^{2+} + Cu$$
$$Fe + 2Fe^{3+} = 3Fe^{2+}$$

二、铁的化合物

（一）铁的氧化物

铁的氧化物有氧化亚铁（FeO）、氧化铁（Fe_2O_3）、四氧化三铁（Fe_3O_4）等。其中，氧化亚铁是黑色粉末，不稳定，容易被氧化生成四氧化三铁。Fe_2O_3 是红棕色粉末，俗称铁红，可作为油漆颜料。Fe_3O_4 是具有磁性的黑色粉末，俗称磁性氧化铁。

FeO 和 Fe_2O_3 能与酸反应，生成亚铁盐和铁盐：

$$FeO + 2H^+ = Fe^{2+} + H_2O$$
$$Fe_2O_3 + 6H^+ = 2Fe^{3+} + 3H_2O$$

（二）铁的氢氧化物

铁有氢氧化亚铁和氢氧化铁两种氧化物。氢氧化亚铁（$Fe(OH)_2$）是白色固体，难溶于水；氢氧化铁（$Fe(OH)_3$）是红褐色固体，难溶于水。两种铁的氢氧化物都能与酸反应，分别生成亚铁盐和铁盐：

$$Fe(OH)_2 + 2H^+ = Fe^{2+} + 2H_2O$$
$$Fe(OH)_3 + 3H^+ = Fe^{3+} + 3H_2O$$

氢氧化亚铁在空气中不稳定，能被空气中的氧气氧化成红褐色的氢氧化铁。

三、Fe^{2+}和 Fe^{3+}的检验

（一）Fe^{2+}的检验

方法一：滴加 KSCN 溶液，无明显现象，再滴加新制氯水，溶液立即变红色。

方法二：滴加 NaOH 溶液，生成白色絮状沉淀，该沉淀迅速变为灰绿色，最后变为红褐色。

（二）Fe^{3+}的检验

方法一：滴加 KSCN 溶液或 NH_4SCN 溶液，溶液立即变为血红色。

方法二：滴加 NaOH 溶液，出现红褐色沉淀。

牛刀小试

1. 无线电工业中，常利用 $FeCl_3$ 溶液来刻蚀铜制印刷电路，你能说出其中的原理吗？
2. 如何检验 Fe^{2+}和 Fe^{3+}？

本 章 小 结

1. 金属概论

（1）金属的理化性质。

（2）金属的冶炼。

（3）金属的腐蚀与防护。

2. 钠及钠的化合物

（1）钠的理化性质。

（2）钠的重要化合物。

1）过氧化钠：过氧化钠可与水、稀盐酸、二氧化碳反应。

2）氢氧化钠：氢氧化钠是强碱，能与酸性氧化物、盐等发生反应。氢氧化钠通过电解食盐水来制备。

（3）碳酸钠和碳酸氢钠：钠的碳酸盐与钠的酸式盐。

3. 铝及铝的化合物

（1）铝：铝与氧气反应生成致密氧化膜。铝可与金属氧化物发生铝热反应。铝具有两性，即可与酸反应，也可与碱反应。

（2）铝的重要化合物：氧化铝和氢氧化铝都是两性化合物，它们既能与酸反应，也能与碱反应，生成铝盐或铝酸盐。

（3）硫酸铝钾：硫酸铝钾是复盐，能够电离出两种金属阳离子。十二水合硫酸铝钾，俗称明矾，常用作净水剂。

4. 铁及铁的化合物

（1）铁：金属铁具有磁性，在常温干燥的环境下比较稳定，高温条件下可与硫、氯气、水蒸气等物质发生反应。

（2）铁的化合物。

（3）Fe^{2+}和Fe^{3+}的检验。

章节测试

一、选择题

1. 下列各方法中能对金属起到防止或减缓腐蚀作用的是（　　）。

①金属表面涂抹油；②改变金属的内部结构；③保持金属表面清洁干燥；④在金属表面进行电镀；⑤使金属表面形成致密的氧化物薄膜

A. ①②③④　　B. ①③④⑤　　C. ①②④⑤　　D. 全部

2. CO_2 跟下列物质反应能产生 O_2 的是（　　）。

A. NaOH　　B. Na_2O　　C. Na_2O_2　　D. Na_2CO_3

3. 将表面已完全钝化的铝条，插入下列溶液中，不会发生反应的是（　　）。

A. 稀硝酸　　B. 稀盐酸　　C. 硝酸铜　　D. 氢氧化钠

4. 下列反应最终一定有+3 价铁生成的是（　　）。

①过量的 Fe 与 Cl_2 反应；②Fe 与过量稀硫酸反应后，再向其中加 KNO_3；③$Fe(NO_3)_2$ 溶液中加少量盐酸；④把 Fe 和 Fe_2O_3 的混合物溶于盐酸中

A. 只有①　　B. 只有①②　　C. 只有①②③　　D. 全部

二、问答题

1. 防腐蚀的方法通常有哪些？
2. 简述铝热法的原理。
3. 写出氢氧化铝与盐酸、氢氧化钠反应的反应方程式。

第八章　烃

化合物可以分为无机化合物和有机化合物两类。其中，有机物是与人类关系非常密切的一类化合物。它既是生命产生的物质基础，同时也与人们的生活密切相关，在能源、材料、医疗卫生、工业生产等领域，都发挥着重要的作用。

在有机物中，烃是最简单的一类物质。它虽然组成简单，却应用十分广泛，在塑料、橡胶等产业中，都有其身影出现。

第一节　有机化合物概述

人类对有机物的认识经历了漫长的过程。最初，人们将从动植物体内提取的物质定义为有机物；随着科学的进步，人们认识到这种定义的局限性，且人们发现有机物中都含有碳元素，因此有机物又被定义为碳的化合物；但是一氧化碳、二氧化碳等少数碳的化合物性质和组成与无机物相似，通常被纳入无机物一类。目前，比较确切的定义是指碳氢化合物及其衍生物。有机物除含有碳元素外，还含有氢、氧、氮、硫、磷、卤素等。

知识拓展

有机物名字的由来

有机物是有机化合物的简称，有机化合物实际上是一个历史名词。在 19 世纪初，化学家贝齐里乌斯把有机物定义为从动植物有机体内提取的物质，认为有机物只有在动植物体内才能提取到，不能人工合成，这就是所谓的生命力学说。直到 1828 年，德国化学家武勒在加热无机物氰酸铵的水溶液时得到了人们一直认为只有在动物体内合成的“有机物”尿素，人们才认识到有机物的合成并不需要“有机体”的作用。因此，生命力学说才逐渐被人们所抛弃，“有机化合物”这个名称也失去了它原有的意义。但“有机物”这一说法被沿用至今。

一、有机物的特点

有机物种类繁多，目前已知的有数千万种，且还在以每年数千种的数量增加。这是因为碳原子含有 4 个价电子，可以和其他原子形成 4 个共价键；同时，碳原子之间也能形成共价键，从而形成不同长度的分子链或者不同大小的分子环；再加上普遍存在的同分异构现象，最终构成了种类繁多的有机物。

有机物一般具有以下特性：

（1）容易燃烧。绝大多数有机物都容易燃烧，因此在生产、贮存、运输有机物过程中要严禁烟火。

（2）熔点低。根据这一特性可以检验有机物的纯度。

（3）难溶于水，易溶于有机溶剂。

（4）不导电，为非电解质。因有机物具有这种特性，所以可以用于制作电线外皮、开关插座及电工用具的手柄，以防止触电。

（5）反应速率慢，副反应较多。有机反应的反应速率慢，常需要加热或用催化剂加速反应；有机反应常伴有副反应发生，所以产物需要分离提纯。

想一想

有机物与无机物在性质上有什么区别？

二、有机化合物的书写

有机物可以用电子式和结构式来表示。下面以甲烷和乙烷为例来说明。

电子式：

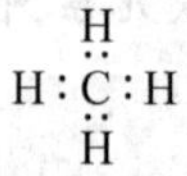
甲烷

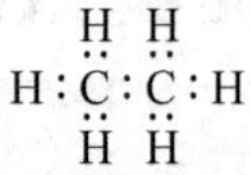
乙烷

结构式：

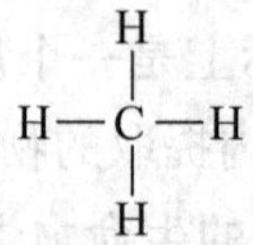
甲烷（简写为 CH_4）

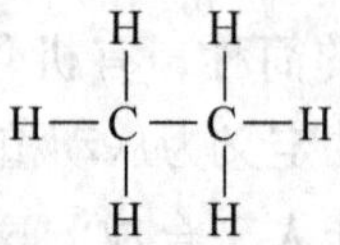
乙烷（简写为 CH_3CH_3）

有机物分子结构中化学键的主要类型是共价键。碳原子除了可以与其他原子共用一对电子，也可以相互之间共用一对、两对甚至三对电子，形成碳碳单键、碳碳双键和碳碳三键。

碳碳单键 C—C

碳碳双键 C═C

碳碳三键 C≡C

三、有机化合物的分类

有机物种类繁多，对有机物进行科学分类是我们学习有机物的一种有效方法。有机物可以按照官能团进行分类，也可以按照碳骨架进行分类。

（一）按官能团分类

官能团是指有机化合物分子中一些特殊的原子或原子团。具有相同官能团的有机物一般具有相同或者相似的性质，见表 8-1。

表 8-1　有机化合物按官能团分类

项目	化合物类别	官能团名称	官能团结构	代表物	主要性质
烃	烷烃	—	—	CH_4	取代、热分解
	烯烃	碳碳双键	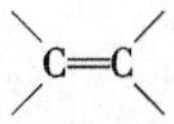	$CH_2=CH_2$	氧化、加成、加聚
	炔烃	碳碳三键	$—C\equiv C—$	$CH\equiv CH$	氧化、加成
	芳香烃	苯环		C_6H_6	取代、加成
烃的衍生物	卤代烃	卤素原子	-X(F、Cl、Br、I)	C_2H_5Br	取代（水解）、消去
	醇	羟基	—OH	C_2H_5OH	取代（酯化）、氧化、消去
	酚	羟基	—OH	C_6H_5OH	弱酸性、取代、显色反应
	醛	醛基	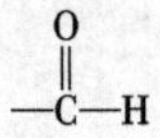	CH_3CHO	加成、氧化
	羧酸	羧基	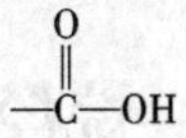	CH_3COOH	酸性、取代（酯化）
	酯	酯基	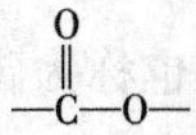	$CH_3COOC_2H_5$	取代（水解）
	油脂	双键酯基	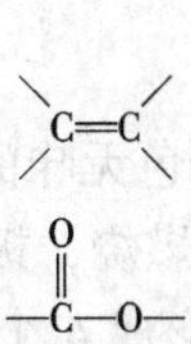	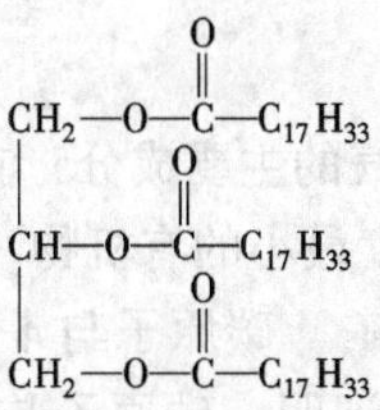	加成、取代（水解）

（二）按照碳骨架进行分类

按碳原子骨架进行分类，可以将有机物分为链状化合物和环状化合物。后者又包括脂环化合物和芳香化合物。

将以上两种方式结合我们得到了以下的分类方法：

- 有机化合物
  - 烃
    - 开链烃
      - 饱和链烃（烷烃）
      - 不饱和链烃
        - 烯烃
        - 炔烃
    - 闭链烃（环烃）
      - 脂环烃
      - 芳香烃→苯及苯的同系物
  - 烃的主要衍生物
    - 卤代烃
    - 醇
    - 酚
    - 醚
    - 醛
    - 酮
    - 羧酸
    - 酯
  - 糖类
    - 单糖
    - 低聚糖
    - 多糖
  - 有机高分子化合物

牛刀小试

1. 下列不属于有机物的是（　　）。

A. CH_3COOH　　B. CH_3NH_2　　C. CO_2　　D. C_6H_6

2. 如果衣服上沾到油渍为什么用汽油可以洗去？

3. 油锅着火能不能用水来灭火，为什么？

第二节　甲烷　烷烃

只有碳氢两种元素组成的有机化合物叫做烃，也称为碳氢化合物。甲烷是烃中最简单的一类物质。

一、甲烷

甲烷是天然气、沼气的主要成分，它是一种无色无味的气体，密度比空气小（标准状态下 0.717g/L），是密度最小的有机物。甲烷容易燃烧，极难溶于水。

甲烷的分子式是 CH_4，碳原子与 4 个氢原子形成 4 个共价键，但这五个电子并不在一个平面上。科学实验证明，碳原子与四个氢原子形成一个整体面的立体结构，碳原子位于正四面体的中心位置，氢原子分别位于正四面体的四个顶点上，如图 8-1 和图 8-2 所示。

甲烷中碳氢间为极性共价键，但因其正四面体结构，甲烷分子为非极性分子。

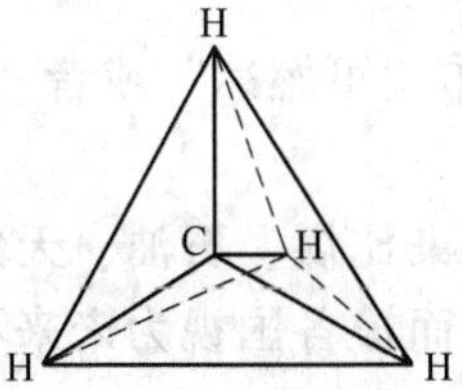

图 8-1 甲烷立体结构图

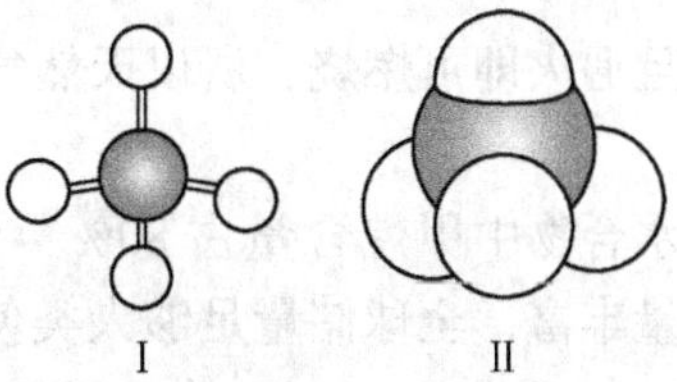

图 8-2 甲烷分子模型
I—球棍模型；II—比例模型

甲烷化学性质稳定，一般不与强酸、强碱或强氧化剂反应。但在特定条件下，甲烷分子也会发生某些反应。

（一）甲烷的氧化反应。

纯净的甲烷能在空气中安静燃烧，发出蓝色火焰，生成二氧化碳和水。

$$CH_4 + 2O_2 \xrightarrow{点燃} CO_2 + 2H_2O$$

甲烷是一种优良的燃料，燃烧放出大量的热。但是要注意的是，点燃甲烷与空气（或氧气）的混合气体，如果甲烷体积分数在 5% ~15.4%，就会发生爆炸。这也是煤矿中造成瓦斯爆炸的主要原因。另外，家用燃气或沼气点火时，也要注意“火等气”。

（二）甲烷的取代反应

甲烷在光照条件下，可与氯气发生反应。甲烷分子中的氢原子逐个被氯原子取代，生成一系列产物。

$$CH_4 + Cl_2 \xrightarrow{光} CH_3Cl + HCl$$

$$CH_3Cl + Cl_2 \xrightarrow{光} CH_2Cl_2 + HCl$$

$$CH_2Cl_2 + Cl_2 \xrightarrow{光} CHCl_3 + HCl$$

$$CHCl_3 + Cl_2 \xrightarrow{光} CCl_4 + HCl$$

四步取代反应的产物分别是氯化氢和一氯甲烷、二氯甲烷、三氯甲烷、四氯化碳。其中，常温下一氯甲烷为气态，可用作局部麻醉剂，其他三种为液态。四氯化碳可用作灭火剂。

上述这种有机物分子中的某些原子或原子团被其他原子或原子团所替代的反应，称为取代反应。

知识拓展

天然气水合物，分布于深海沉积物或陆域的永久冻土中，由主体分子（水）和客体分子（甲烷、乙烷等烃类气体，及氮气、二氧化碳等非烃类气体分子）在低温、高压条件下，通过范德华力相互作用，形成的结晶状笼形固体络合物。其中水分子借助氢键形成结晶网格，网格中的孔穴内充满轻烃、重烃或非烃分子。水合物具有极强的储载气体能力，一个单位体积的天然气水合物可储载 100 ~200 倍于该体积的气体量。因其外观像冰一样而且遇火即可燃烧，所以天然气水合物又被称作“可燃冰”或者“固体瓦斯”和“气冰”。

天然气水合物中甲烷含量占80% ~99.9%，燃烧污染比煤、石油、天然气都小得多，而且储量丰富，全球储量足够人类使用1000年，因而被各国视为未来石油天然气的替代能源。

天然气水合物赋存于水深大于100~250m（两极地区）和大于400~650m（赤道地区）的深海海底以下数百米至1000多米的沉积层内，这里的压力和温度条件能使天然气水合物处于稳定的固态 。

2017年5月，中国首次海域可燃冰试采成功。

世界上至今还没有完善的开采方案。这种矿藏哪怕受到最小的破坏，就足以导致甲烷气的大量散失。“可燃冰”中甲烷的总量大致是大气中甲烷数量的3000倍。作为短期温室气体，甲烷比二氧化碳所产生的温室效应要大得多。而陆缘海边的“可燃冰”开采一旦出了井喷事故，就会造成海水汽化，发生海啸。

牛刀小试

将等物质的量的甲烷和氯气混合后，在漫射光的照射下充分反应，生产产物中物质的量最大的是（　　）。

A. CH_3Cl　　B. CH_2Cl_2　　C. CH_3Cl　　D. HCl

二、烷烃

烃分子中，碳原子间以单键相连形成链状，碳原子与氢原子也以单键结合，每个碳原子化合价都已充分利用，即被氢原子饱和。具有这种特点的链烃称为饱和链烃，也称烷烃。

（一）同系物及烷烃的通式

火眼金睛

观察下列烷烃的结构简式，你能发现什么规律呢？

乙烷　$CH_3—CH_3$

丙烷　$CH_3—CH_2—CH_3$

丁烷　$CH_3—CH_2—CH_2—CH_3$

通过观察结构简式我们可以看出，对于烷烃，每增加1个碳原子，就增加2个氢原子。如果碳原子数是n，则氢原子数为$2n+2$。所以，我们把C_nH_{2n+2}作为烷烃的通式。利用烷烃的通式我们可以写出各种烷烃的分子式。

像甲烷、乙烷、丙烷这样，结构相似，在分子组成上相差一个或者若干个CH_2原子团的一系列化合物称为同系物。同系物具有相同的化学性质。例如烷烃在通常情况下都很稳定，不与强酸、强碱或强氧化剂反应；在空气中可以燃烧；在光照条件下可与氯气发生取代反应等。

（二）同分异构体

在研究烷烃时，人们发现很多烷烃分子式相同，但性质有差异。通过实验发现，这些烷烃分子中，碳原子的连接顺序是不同的，即分子结构不同。以丁烷为例，根据通式，丁烷的分子式为 C_4H_{10}，它有两种不同性质的化合物，正丁烷和异丁烷，见表 8-2。

表 8-2　丁烷的同分异构体

物理性质	$CH_3—CH_2—CH_2—CH_3$	$CH_3—CH_2—CH_3$ | CH_2
	正丁烷	异丁烷
熔点/℃	-138.4	-159.6
沸点/℃	-0.5	-11.5
密度/g·cm^{-3}	0.5788	0.577

这种化合物分子式相同，但结构不同的现象，叫作同分异构现象。具有同分异构现象的化合物互为同分异构体。

在烷烃中，随着分子中碳原子数量增多，分子同分异构体的数目会迅速增多。例如，丁烷有两种同分异构体，戊烷有 3 种，辛烷有 18 种。同分异构体现象在有机物中是普遍存在的，这也是有机物种类繁多的原因之一。

牛刀小试

己烷的同分异构体有几种，你能写出它们的结构简式吗？

（三）烃基

烃分子去掉一个氢原子后剩余的部分，称之为烃基，用“R—”表示。如果是烷烃分子去掉一个氢原子，剩余的部分称为烷基。烷基的通式为$—C_nH_{2n+1}$。例如，甲烷分子失去一个氢原子后，剩余的$—CH_3$ 称为甲基，$—CH_2—CH_3$ 称为乙基等。

三、烷烃的命名

有机物种类繁多，分子组成和结构复杂，所以为有机物准确地命名显得十分重要。目前普遍采用系统命名法。

（一）直链烷烃的命名

直链烷烃分子命名时，按照碳原子数目称之为某烷。碳原子数在 10 以内的，采用天干数表示，依次是甲、乙、丙、丁、戊、己、庚、辛、壬、癸。碳原子数在 10 以上的，直接用中文数字来表示。例如：

$CH_3—CH_2—CH_2—CH_2—CH_2—CH_3$ 己烷

$CH_3—(CH_2)_{12}—CH_3$ 十四烷

（二）带支链烷烃的命名

（1）选择分子中最长的碳链作为主链，并按照碳原子数目称为“某烷”。

（2）把支链看作取代基称“某基”，并从靠近支链的一端开始用阿拉伯数字给主链的碳原子编号，从而确定取代基在主链上的位置。

（3）命名时，取代基的位置和名字依次写在主链名称之前。取代基的位置用它连接主链碳原子的编号表示，位置与名称用半字线“-”隔开。如果有相同取代基，则用二、三等数字表示其数目，相同取代基的位置用“，”隔开；如果几个取代基不同，就把简单的写在前面，复杂的写在后面。

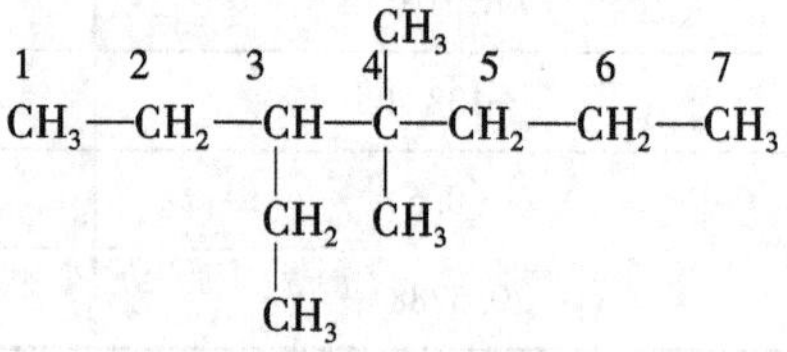

4，4-二甲基-3-乙基庚烷

牛刀小试

用系统命名法给下列化合物命名。

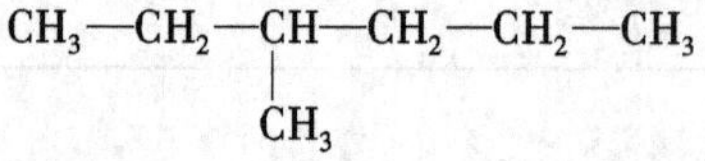

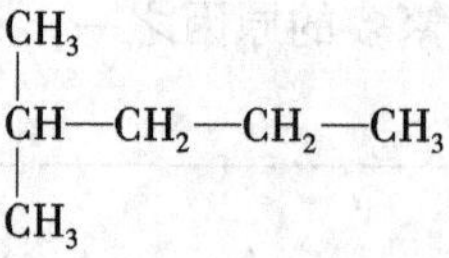

第三节 乙烯 烯烃

除烷烃以外，链烃中还有一类不饱和链烃。这类链烃中，碳原子之间至少共用两对电子，所以所含的氢原子比对应的烷烃少。根据共用电子对不同可分为烯烃和炔烃。

一、乙烯

乙烯是一种无色的气体，稍有气味，密度略小于空气（标准状态下 1.25g/L），难溶于水，能溶于有机溶剂。

乙烯分子中两个碳原子共用两对电子，氢原子数比乙烷少 2 个，分子式为 C_2H_4，结构式为 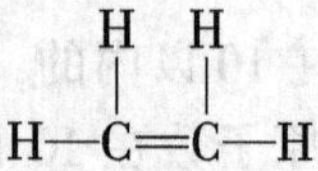 。从图 8-3 分子模型可以看出，乙烯分子含有碳碳双键，2 个碳原子和 4 个氢原子在同一水平面上。

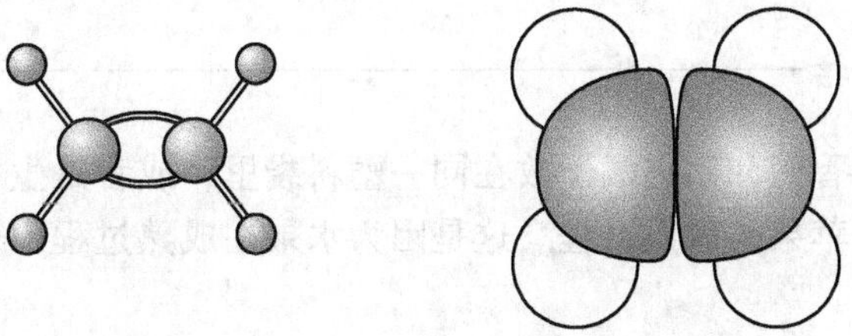

球棍模型　　　　比例模型

图 8-3 乙烯分子模型

乙烯分子碳碳双键（C═C）中的一个键很容易断裂，所以乙烯的化学性质很活泼。

（一）乙烯的氧化反应

（1）纯净的乙烯可以在空气中燃烧，发出明亮火焰并伴有黑烟，生产二氧化碳和水，并放出大量的热。

$$CH_2 = CH_2 + 3O_2 \longrightarrow 2CO_2 + 2H_2O$$

（2）乙烯还可以被强氧化剂高锰酸钾氧化。

【实验 8-1】 将乙烯通入酸性高锰酸钾溶液中，观察溶液颜色变化。

现象：____

通过实验我们可以看到，乙烯能使酸性高锰酸钾溶液褪色。这个反应可以用于鉴定甲烷和乙烯。

（二）乙烯的加成反应

【实验 8-2】 向盛有溴的四氯化碳溶液的试管中，通入乙烯，观察溶液颜色变化。

现象：____

通过实验我们看到，溶液的红棕色褪去。这说明，乙烯与溴发生了反应，生成了无色物质。

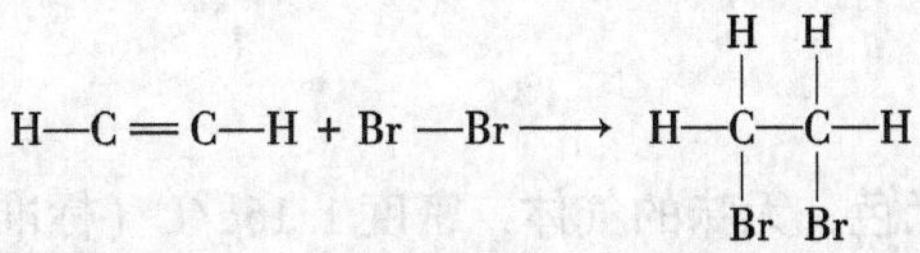

反应中，乙烯分子碳碳双键中的一个键断开，两个溴分子分别结合在两个不饱和碳原子上，形成 1，2-二溴乙烷。这种有机物分子里不饱和碳原子上加入其他原子或原子团的反应叫作加成反应。该反应可用于检验碳碳双键的存在。

除了溴，乙烯还可以与氢气、氯气、氯化氢和水等物质发生加成反应。

（三）乙烯的聚合反应

乙烯分子里 C═C 键中的一个键很容易断裂，在适当的温度、压强和催化剂条件下，多个乙烯断开一个键后，互相连接成碳链更长的大分子聚乙烯：

$$nCH_2{=}CH_2 \xrightarrow{\text{催化剂}} \text{+}CH_2—CH_2\text{+}_n$$

这种由小分子结合成大分子的反应，称为聚合反应。聚乙烯是高分子化合物，是聚乙烯塑料制品的原料。

生活小妙招

生活中可以把青香蕉和熟透橘子放在同一塑料袋里，或者是生苹果和熟苹果放在一起，加速青香蕉和生苹果的成熟过程。这是因为水果在成熟过程中会放出乙烯，乙烯可以起到催熟的作用。

二、烯烃

烯烃是含有碳碳双键（C ═ C）的不饱和链烃的总称。与烷烃一样，乙烯的同系物也是相差一个 CH_2 原子团。烯烃的通式是 C_nH_{2n}（$n \geqslant 2$）。

烯烃的命名与烷烃稍有不同：

（1）选取含双键的最长碳链作为主链，按主链碳原子数目称为“某烯”。

（2）从靠近双键一端开始，把主链碳原子用阿拉伯数字编号。按照双键原子中编号较小的数字表示双键位置，写在母体烯烃前面。

（3）支链当做取代基看待。

烯烃的熔点、沸点、液态密度等物理性质，随着碳原子数目的增加依次递增。

烯烃的化学性质与乙烯类似，容易发生加成、氧化、聚合反应，能使酸性高锰酸钾溶液褪色。

第四节 乙炔 炔烃

当烃类分子中，相邻碳原子共用三对电子时，碳原子间形成碳碳三键（C ≡ C），这类不饱和链烃叫做炔烃。乙炔是最简单的炔烃。

一、乙炔

乙炔俗称电石气，是无色、无味的气体，密度 1.16g/L（标准状况），微溶于水，易溶于有机溶剂。乙炔的分子式为 C_2H_2，结构式为 H—C ≡ C—H，其分子呈直线型（图 8-4）。

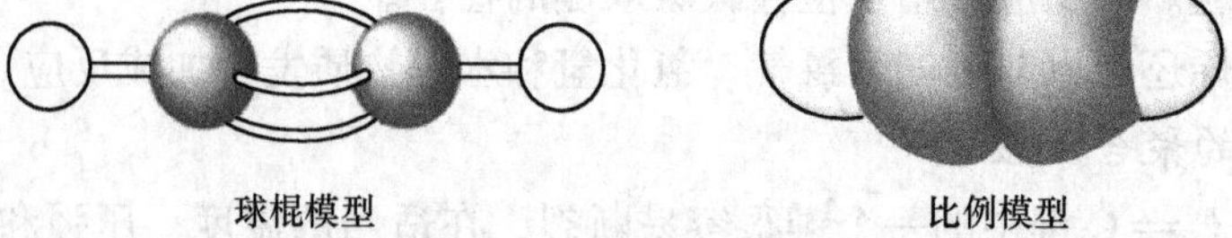

球棍模型　　比例模型

图 8-4 乙炔分子模型

乙炔分子结构中含有碳碳三键，其中两条键容易断裂，所以化学性质很活泼。

（一）乙炔的氧化反应

乙炔也能够在空气中燃烧，发出明亮且带有浓烟的火焰，生成二氧化碳和水，放出大量的热：

$$2HC\equiv CH + 5O_2 \longrightarrow 4CO_2 + 2H_2O$$

乙炔燃烧时，火焰温度可达到3000℃以上，工业上利用它来焊接或切割金属。乙炔和空气的混合物遇火极易发生爆炸，所以在生产和使用乙炔时必须注意安全。

乙炔同乙烯一样，也能使高锰酸钾溶液褪色。

（二）加成反应

将乙炔通入溴水或溴的四氯化碳溶液，也能使溴水褪色，发生的也是加成反应：

$$H-C\equiv C-H + Br-Br \longrightarrow H-\underset{Br}{\underset{|}{C}}=\underset{Br}{\underset{|}{C}}-H$$

1，2-二溴乙烯

反应现象与乙烯相似，因此可以用溴水鉴定饱和烃和不饱和烃。加成反应是不饱和烃的特征反应。

乙炔还可以与 H_2、HCl、H_2O 发生加成反应。其中，与 HCl 加成的产物氯乙烯是重要的化工原料。氯乙烯发生聚合反应生成聚氯乙烯，即 PVC 塑料，用途十分广泛。

二、炔烃

含有碳碳三键的烃链分子叫做炔烃。炔烃通式为 C_nH_{2n-2}，炔烃的化学性质与乙炔相似，都能发生氧化、加成反应，能使高锰酸钾溶液褪色。

牛刀小试

下列物质中，不能同时使溴水和高锰酸钾溶液褪色的是（　　）。

A. C_2H_4　　B. C_3H_6　　C. CH_4　　D. C_2H_2

第五节　苯　芳香烃

除直链烃外，还有一类环状的烃类化合物，称为环烃。根据环烃的结构和性质，可分为脂环烃和芳香烃。苯是芳香烃中最简单却又最重要的化合物。

一、苯

苯是一种无色液体，带有特殊气味，有毒，密度比水小，不溶于水，可溶于有机溶剂。苯的沸点是80.1℃，熔点5.5℃，是一种易挥发液体。

苯的分子式是 C_6H_6，结构式为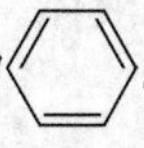。

从苯的分子结构看，苯应该属于不饱和烃，应具备不饱和烃的性质。真的是这样吗？

【实验8-3】 在盛有苯的两支试管中，分别加入酸性高锰酸钾溶液和溴水，振荡后，观察现象。

通过实验我们观察到，酸性高锰酸钾溶液和溴水均未褪色。这说明，苯既不能被高锰酸钾氧化，也不能与溴水发生加成反应。

科学家通过研究发现，苯分子中，6 个碳原子和 6 个氢原子都处在同一平面上。6 个碳碳键都是相同的，都是一种介于单键和双键之间的特殊化学键。

苯的特殊结构决定了苯具有特殊的化学性质。

（一）取代反应

1. 苯的卤代反应

在催化剂作用下，苯分子中氢原子能被溴取代。

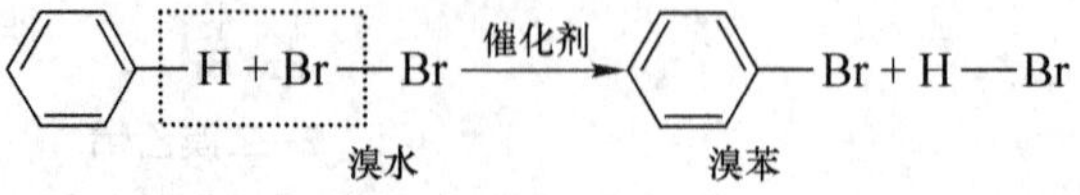

2. 苯的硝化反应

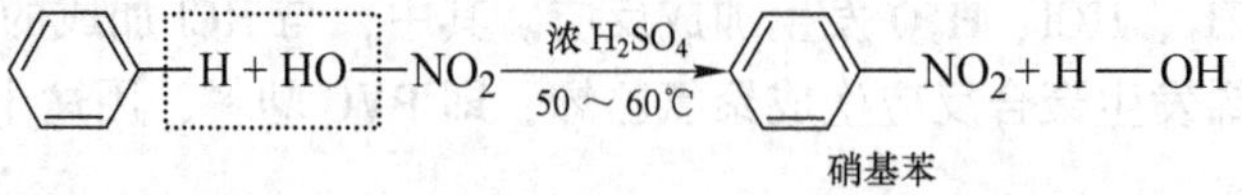

这种苯分子中氢原子被硝基（$—NO_2$）取代的反应称为硝化反应。产物硝基苯是无色至淡黄色的油状液体，具有苦杏仁味，密度比水大，有毒，使用时要注意安全。

3. 苯的磺化反应

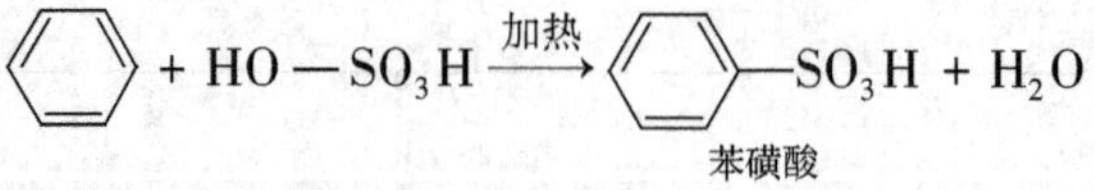

苯分子中氢原子被磺酸基取代的反应称为磺化反应。

（二）加成反应

苯不能与溴水发生加成反应，但是可以在加热和催化剂作用下，与氢气发生加成反应，生成环己烷：

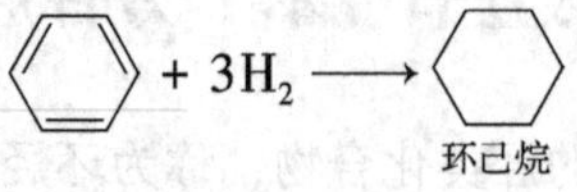

牛刀小试

下列关于苯的性质的叙述中，不正确的是（　　）。

A. 苯是无色带有特殊气味的液体

B. 常温下苯是一种不溶于水且密度小于水的液体

C. 苯在一定条件下能与溴发生取代反应

D. 苯不具有典型的双键，故不可能发生加成反应

二、芳香烃

分子中含有苯环结构的烃叫做芳香烃。芳香烃包括苯及其同系物，萘、蒽等：

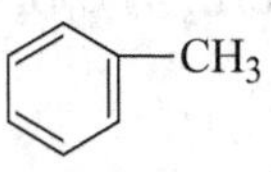

甲苯

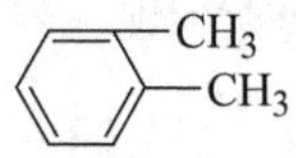

二甲苯

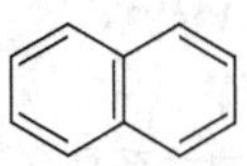

萘

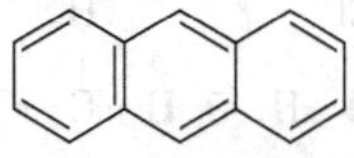

蒽

甲苯、二甲苯属于苯的同系物，是两种烷基苯。苯的同系物属于单环芳烃，而蒽、萘属于稠环芳烃。苯的同系物通式为 C_nH_{2n-6}（$n \geqslant 6$）。

苯的同系物的命名以苯为母体，按烷基的名称称为某基苯，“基”字往往省略，若苯环上有多个烷基，要表明他们的位置：

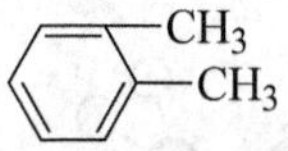

邻二甲苯(1,2- 二甲苯)

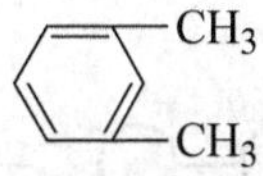

间二甲苯(1,3- 二甲苯)

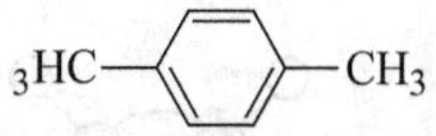

对二甲苯(1,4- 二甲苯)

苯的同系物性质跟苯有很多相似之处，如燃烧时产生带有浓烟的火焰，都能发生苯环上的硝化反应等。甲苯与浓硫酸、浓硝酸的混合物发生硝化反应，可制得三硝基甲苯，俗称 TNT，是一种烈性炸药，在国防、开矿等方面有广泛用途。

本章小结

1. 有机化合物

(1) 有机化合物的性质；

(2) 有机化合物的书写；

(3) 有机化合物的分类。

2. 烃

仅由碳氢两种元素组成的有机化合物称为烃。

烃的化学性质

烃		烷烃	烯烃	炔烃	苯
通式		C_nH_{2n+2}（$n \geqslant 1$）	C_nH_{2n}（$n \geqslant 2$）	C_nH_{2n-2}（$n \geqslant 2$）	
结构特点		碳碳之间仅含单键	有碳碳双键	有碳碳三键	化学键介于单键与双键之间
代表物		甲烷	乙烯	乙炔	苯
主要化学性质	与溴（CCl_4）	不褪色	褪色	褪色	不褪色
	与高锰酸钾（H_2SO_4）	不褪色	褪色	褪色	不褪色
	主要反应类型	取代反应	氧化，加成，加聚	氧化，加成，加聚	取代，加成

章节测试

一、选择题

1. 下列分子式代表的有机物一定属于同系物的是（　　）。

A. C_2H_4 与 C_3H_6　　B. C_3H_8 与 C_5H_{12}　　C. C_3H_4 与 C_6H_{10}　　D. C_6H_6 与 C_7H_8

2. 有机物 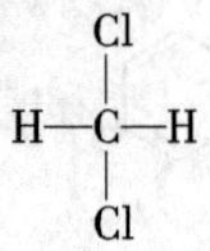 与 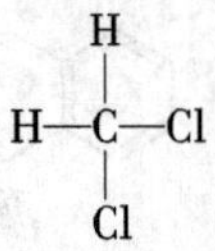 的关系是（　　）。

A. 互为同系物　　B. 互为同分异构体　　C. 同一物质　　D. 互为同素异形体

3. 下列有机物的命名正确的是（　　）。

A. 4，4，3-三甲基己烷　　B. 2-甲基-4-乙基-1-戊烯

C. 2-甲基-2-戊烯　　D. 2，2-二甲基-3-戊炔

4. 下图是用球棍模型表示的某有机反应的过程，则该反应的有机反应类型是（　　）。

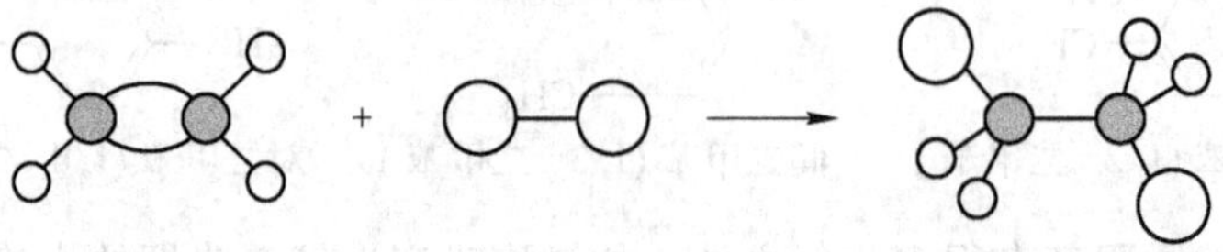

A. 取代反应　　B. 加成反应　　C. 加聚反应　　D. 氧化反应

5. 能使高锰酸钾褪色，但不能使溴水褪色的是（　　）。

A. 乙烯　　B. 甲烷　　C. 苯　　D. 甲苯

二、问答题

写出下列化学方程式：

（1）乙烯和水的反应；

（2）乙炔制取氯乙烯；

（3）苯和浓硝酸；

（4）丙烯合成聚丙烯。

第九章 烃的衍生物

当烃分子中的氢原子被其他原子或原子团取代时，生成的产物称为烃的衍生物。烃的衍生物应用广泛，在生活中可谓无处不在。例如，厨房中的醋等调味品、医院消毒用的酒精、外包装用的塑料等。烃的性质主要由其所含的原子团决定，我们将在本章中依据原子团分类进行学习。

第一节 氯乙烷 氯乙烯

烃分子中的一个或几个氢原子被卤素原子取代生成的化合物叫做烃的卤代物，简称卤代烃。下面以氯乙烷、氯乙烯为例，学习卤代烃的主要性质。

一、氯乙烷

氯乙烷是一种有机合成中常用的乙基化试剂。纤维素与氯乙烷反应可制取乙基纤维素，成为制造涂料、塑料、橡胶代用品的原料。另外，它还可以在临床上用作局部麻醉剂，在农业上用作杀虫剂，具有很高的实用价值。

氯乙烯可由乙烯与氯化氢加成制得。

氯乙烷的分子式是 C_2H_5Cl，结构简式为 CH_3CH_2Cl，结构式为：

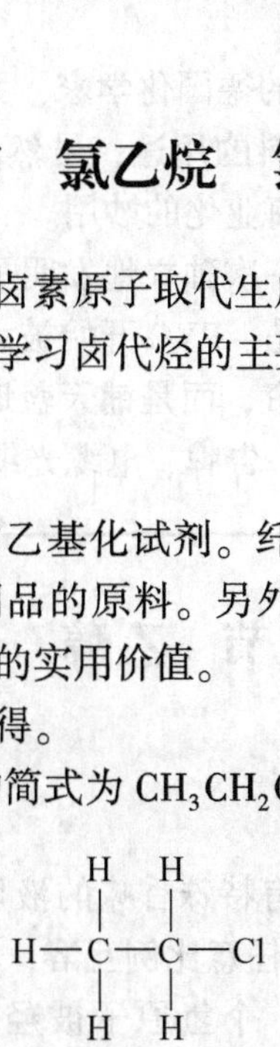

氯乙烷不溶于水，易溶于有机溶剂，密度小于水，沸点为12.3℃。

氯乙烷化学性质比较活泼，可在氢氧化钠存在条件下水解生成乙醇：

$$CH_3CH_2Cl + NaOH \xrightarrow[\triangle]{H_2O} CH_3CH_2OH + NaCl$$

氯乙烷还可与氢氧化钠的醇溶液共热，生成烯烃和氯化氢。

$$CH_3—CH_2—Cl + NaOH \xrightarrow[\triangle]{醇} CH_2 = CH_2 + NaCl + H_2O$$

在这个反应中，氯乙烷中相邻两个碳原子上脱去一个氯化氢而生成乙烯分子。像这样，有机化合物在适当条件下，从分子中相邻的两个碳原子上脱去一个简单分子而生成不饱和化合物的反应，称为消去反应。

二、氯乙烯

氯乙烯是无色气体，容易燃烧，与空气混合易发生爆炸，爆炸极限为3.6%～26.4%（体积分数），难溶于水，易溶于有机溶剂。氯乙烯可由乙炔加氯化氢制得。

氯乙烯化学性质不活泼，其中的氯原子不易发生取代反应。氯乙烯中存在双键，比较容易发生加成反应和聚合反应：

$$CH_2{=\!=}CHCl \xrightarrow{\text{过氧化物}} \mathrm{-\!\!\!-\!\![}CH_2{—}CHCl\mathrm{]\!\!-\!\!\!-}_n$$

聚氯乙烯即 PVC，曾是世界上产量最大的通用塑料，应用非常广泛。在建筑材料、工业制品、日用品、地板革、地板砖、人造革、管材、电线电缆、包装膜、瓶、发泡材料、密封材料、纤维等方面均有广泛应用。

知识拓展

1912 年，有一个叫 Fritz Klatte 的德国化学家，无意中合成了聚氯乙烯——PVC。遗憾的是，当时他并不知道这种新材料的用途，虽然他在德国申请了专利，但直到 1925 年专利过期，也仍然没有想出任何商业化的妙用。

一年后，美国化学家 Semon 又一次独立地发明了 PVC，而且发现这种材料具有优良的隔水性能，非常适合做浴帘。于是，PVC 开始被大量生产。

今天，PVC 早已不仅被用作浴帘，而是铺天盖地应用于服装、手袋、鞋、饰物、手套、保鲜膜、玩具、家具、建材、广告牌、电缆光缆、医疗用品等无数行业。

第二节 乙醇 苯酚

一、乙醇

乙醇，俗称“酒精”，是无色且有特殊香味的液体。乙醇沸点较低，易挥发。乙醇能溶解多种有机物和无机物，能与水以任意比例互溶，是一种常用的溶剂。

乙醇分子可看做乙烷分子中的 1 个氢原子被羟基（—OH）取代生成，其分子式为 C_2H_6O，结构简式：CH_3CH_2OH 或 C_2H_5OH。

乙醇分子比例模型

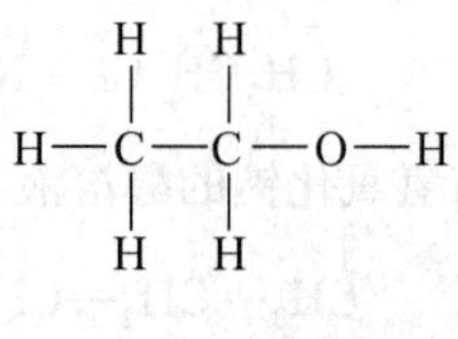

乙醇结构式

乙醇分子中的 O—H 键和 C—O 键都属于极性键，比较活泼。所以，乙醇分子羟基上的氢原子和羟基容易发生反应。

（一）乙醇与钠的反应

【实验 9-1】在盛有乙醇的试管中，放入一小块金属钠，试管口迅速塞上配有导气管的单孔塞，并用小试管倒扣在导气管上，收集气体然后点燃气体，在火焰上方罩一干燥的小烧杯，待烧杯内壁有液滴出现后，迅速倒转烧杯；向烧杯中加入少量澄清石灰水，观察现象。

乙醇与金属钠发生反应时，羟基中的氢原子被钠原子取代，生成乙醇钠，并生成气体（表9-1）：

$$2CH_3CH_2OH + 2Na \longrightarrow 2CH_3CH_2ONa + H_2\uparrow$$

表9-1　乙醇和水与金属钠反应实验

物质	金属钠的变化	气体燃烧现象	检验产物
水	钠浮在水面上，熔化成闪亮的小球，四处游动，发出“嘶嘶”的响声，钠球迅速减小，最后完全消失	纯净的氢气在空气里安静地燃烧，产生淡蓝色的火焰（氢气在玻璃导管口燃烧时，火焰常略带黄色）：$2Na + 2H_2O = 2NaOH + H_2\uparrow$	向反应后的溶液中加入酚酞，溶液变红，证明有碱性物质生成
乙醇	钠沉于无水乙醇的底部，不溶成闪烁的小球，也不发出响声，反应缓慢，钠球最后完全消失	气体被点燃时，气体燃烧并有淡蓝色火焰	向反应后的溶液中加入酚酞，溶液变红，证明有碱性物质生成

想一想

乙醇与钠反应和水与钠反应有什么相似之处？尝试解释为什么。

（二）乙醇的氧化反应

乙醇能在空气中燃烧，产生浅蓝色火焰，放出大量的热。利用这一性质，乙醇常被用作燃料：

$$2CH_3CH_2OH + 4O_2 \xrightarrow{点燃} 2CO_2 + 6H_2O$$

乙醇还可在催化剂和加热条件下，被空气部分氧化，生成乙醛。

【实验9-2】乙醇与氧气在铜存在并加热条件下的反应。

实验仪器：小试管、酒精灯、小烧杯、镊子、火柴。

实验试剂：无水乙醇、细铜丝。

实验步骤：

（1）向两支小试管中加入少量乙醇。

（2）取一根下端绕成螺旋状的铜丝在酒精灯上灼烧至红热，插入乙醇中，反复几次。注意观察铜丝的颜色变化，小心闻试管中液体产生的气味。

实验现象：____。

实验结论：____。

$$2Cu+O_2 \overset{\triangle}{=\!=} 2CuO$$

$$+\ CuO+2CH_3CH_2OH \xrightarrow{\triangle} 2CH_3CHO+Cu+2H_2O$$

↓ 约去相同物质

$$2CH_3CH_2OH+O_2 \xrightarrow[\triangle]{Cu} 2CH_3CHO+2H_2O$$

（三）乙醇的脱水反应

乙醇和浓硫酸混合共热时会发生脱水反应。不同加热温度下生成不同的产物。在170℃左右时乙醇分子发生分子内脱水，生成乙烯：

$$CH_3CH_2OH \xrightarrow[170℃]{浓硫酸} CH_2 = CH_2 + H_2O$$

若加热温度为140℃左右，乙醇发生分子间脱水，生成乙醚：

$$2CH_3CH_2OH \xrightarrow[140℃]{浓硫酸} CH_3CH_2OCH_2CH_3 + H_2O$$

想一想

乙醇在生活中用途广泛。你能说出乙醇的哪些应用？

二、苯酚

苯酚是无色晶体，熔点43℃，沸点182℃。暴露在空气中的苯酚容易被氧化而呈现不同程度的黄色或红色，因此苯酚要密封保存。苯酚有一定毒性，可做环境消毒剂。苯酚浓溶液对皮肤有强烈腐蚀性，会引起皮肤灼伤，如果不慎溅到皮肤上，应立即用酒精洗涤。

苯酚是苯分子中的1个氢原子被羟基取代后的产物，分子式是 C_6H_6O。

结构简式：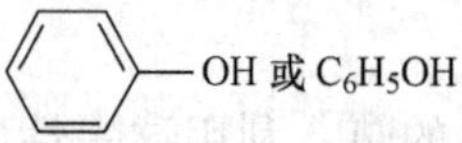

苯酚分子中的羟基，与醇羟基有相似的性质，同时因受苯环影响，与醇羟基也有不同的性质。

（一）和Na反应

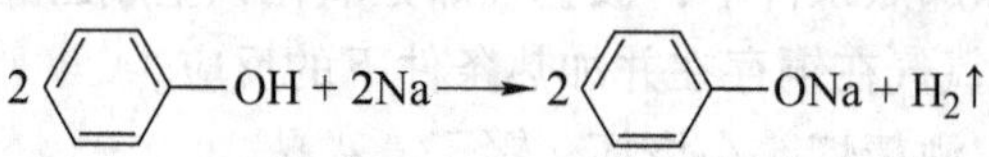

想一想

和同温度的乙醇比较，哪一种与Na反应更活泼，为什么？

（二）苯酚的酸性

【实验9-3】 向盛有少量苯酚晶体的试管中加入蒸馏水，震荡，观察现象。然后向试管中逐滴滴加5% NaOH溶液，振荡，观察现象。

通过实验可以看到，加入NaOH溶液后，溶液由浑浊变为澄清。

这是由于苯酚与NaOH发生了反应：

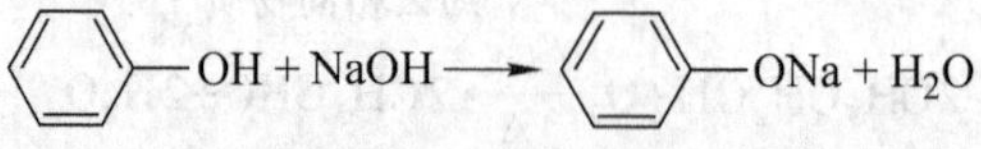

（三）苯酚的取代反应

苯酚分子中，苯环上的氢原子容易被溴原子取代，生成2，4，6-三溴苯酚，是一种白色沉淀。实验室中常用该反应进行苯酚的定性检验和定量分析：

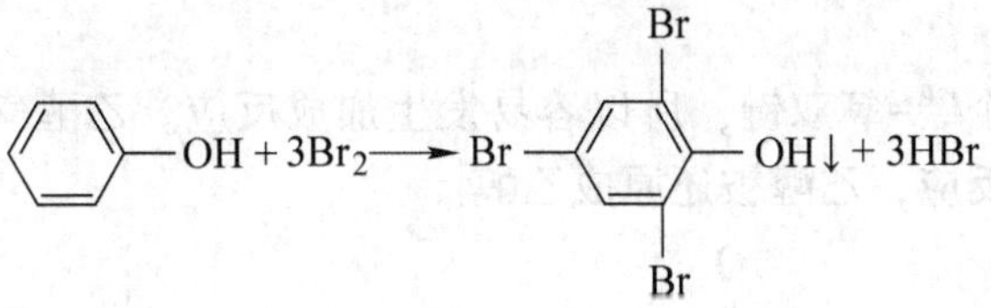

（四）苯酚的显色反应

【实验9-4】 向盛有苯酚溶液的试管中滴入几滴 $FeCl_3$ 溶液，振荡。

现象：溶液立即变为紫色。

结论：在溶液中，苯酚与 $FeCl_3$ 反应，生成紫色、易溶于水的物质。

牛刀小试

除去苯中混有的少量苯酚应选用的试剂是（　　）。

A. NaOH 溶液　　B. 溴水　　C. 酒精　　D. 稀盐酸

第三节　乙醛　乙酸

一、乙醛

通过之前的学习可知，乙醇分子被氧化后生成乙醛（CH_3CHO），其中—CHO 原子团称为醛基，是醛类的官能团。今天通过学习乙醛来学习醛类的性质。

（一）乙醛的结构和物理性质

乙醛分子式是 C_2H_4O，结构式：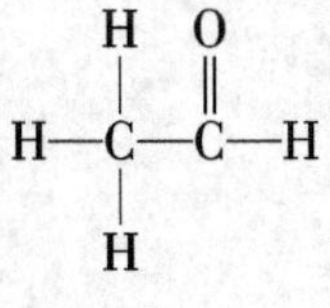，结构简式为 CH_3CHO 或 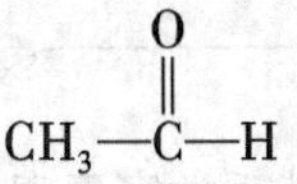。乙醛分子结构模型如图9-1所示。

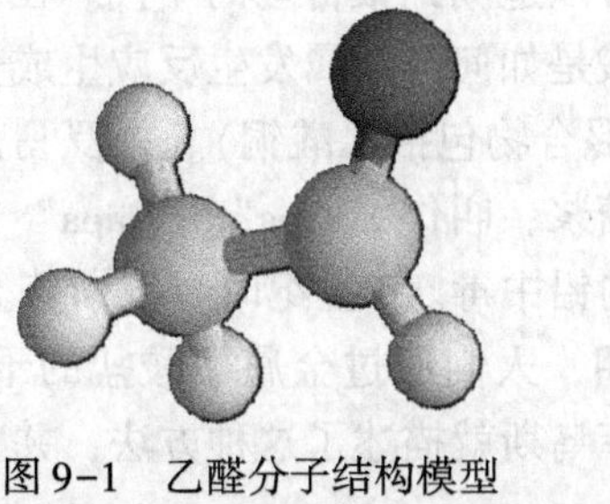

图9-1　乙醛分子结构模型

乙醛为无色、具有刺激性气味的液体；密度比水轻，能与水、乙醇等溶剂互溶，沸点为20.8℃，接近室温，极易挥发。

（二）乙醛的化学性质

1. 加成反应

由于醛基包含一个碳-氧双键，所以容易发生加成反应。乙醛气体和氢气在催化剂镍的作用下会发生加成反应，乙醛被还原成乙醇：

$$CH_3—\overset{\overset{\Large O}{\|}}{C}—H + H_2 \xrightarrow[\triangle]{\text{催化剂}} CH_3CH_2OH$$

2. 氧化反应

【实验 9-5】 向试管中加入 2mL 2%（质量分数）硝酸银溶液，然后边振荡试管，边逐滴加入 2%（质量分数）稀氨水，直到沉淀恰好溶解。向该溶液中滴加 3 滴乙醛，振荡后，进行水浴加热，观察试管内壁现象。

实验中，硝酸银溶液与稀氨水制得的溶液称为银氨溶液，又称为托伦试剂。其与乙醛发生氧化还原反应，乙醛被氧化，生成乙酸；游离的银离子被还原成金属单质，附着在试管内壁，形成银色镜面，所以该反应又称为银镜反应。实验室中常用该实验验证醛基的存在，生产中依据该反应生产镜面以及制作保温瓶胆：

$$CH_3CHO + 2[Ag(NH_3)_2]^+ + 2OH^- \longrightarrow CH_3COO^- + NH_4^+ + 2Ag\downarrow + 3NH_3\uparrow + H_2O$$

【实验 9-6】 在试管里加入 10% 的 NaOH 溶液 2mL，滴入 2% 的 $CuSO_4$ 溶液 4～6 滴，振荡后加入乙醛溶液 0.5mL 加热到沸腾，观察现象。

可以观察到，试管中有砖红色沉淀生成。这是因为乙醛与新制的 $Cu(OH)_2$ 发生反应，生成 Cu_2O 沉淀。实验室中常用该实验检验醛基：

$$Cu^{2+} + 2OH^- = Cu(OH)_2\downarrow$$

$$CH_3CHO + 2Cu(OH)_2 \xrightarrow{\triangle} CH_3COOH + Cu_2O\downarrow + 2H_2O$$

乙醛是典型的醛类物质，是重要的化工原料，常用来生产乙酸、三氯乙醛、丁醇、农药敌百虫等。

二、乙酸

知识拓展

乙酸在化学中的运用可以追溯到很古老的年代。在公元前 3 世纪，希腊哲学家泰奥弗拉斯托斯详细描述了乙酸是如何与金属发生反应生成美术上要用的颜料的，包括白铅（碳酸铅）、铜绿（铜盐的混合物包括乙酸铜）。古罗马人将发酸的酒放在铅制容器中煮沸，能得到一种高甜度的糖浆，叫作“sapa”。“sapa”富含一种有甜味的铅糖，即乙酸铅，这导致了罗马贵族间的铅中毒。8 世纪时，波斯炼金术士贾比尔，用蒸馏法浓缩了醋中的乙酸。文艺复兴时期，人们通过金属醋酸盐的干馏制备冰醋酸。16 世纪德国炼金术士安德烈亚斯·利巴菲乌斯就描述了这种方法，并且拿由这种方法产生的冰醋酸来和由醋中提取的酸相比较。仅仅是因为水的存在，导致了醋酸的性质发生如此大的改变，以至于在几个世纪里，化学家们都认为这是两个截然不同的物质。法国化学家阿迪（Pierre Adet）证明了它们两个是相同的。

1847 年，德国科学家阿道夫 · 威廉 · 赫尔曼 · 科尔贝第一次通过无机原料合成了乙酸。这个反应的历程首先是二硫化碳经过氯化转化为四氯化碳，接着是四氯乙烯的高温分解后水解并氯化，从而产生三氯乙酸，最后一步通过电解还原产生乙酸。

1910 年时，大部分的冰醋酸提取自干馏木材得到的煤焦油。首先是将煤焦油通过氢氧化钙处理，然后将形成的乙酸钙用硫酸酸化，得到其中的乙酸。在这个时期，德国生产了约 10000t 的冰醋酸，其中 30% 被用来制造靛青染料。

乙酸是无色，有强烈刺激性气味的液体；熔点 16.6℃，沸点 117.9℃，熔点 16.6℃，易溶于水和乙醇。因其在 16.6℃以下就凝结成冰状晶体，所以又被称为冰醋酸。

乙酸的分子式是 $C_2H_4O_2$，结构式为 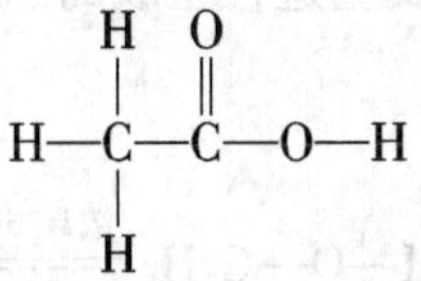 ，结构简式为 CH_3COOH。乙酸可以看做是由一个甲基连接一个羧基（—COOH）构成。羧基是有机酸共有的官能团，由羰基（—C═O）和羟基（—OH）连接而成，两个官能团相互作用、相互影响，使得乙酸具有较为特殊的化学性质。

（一）乙酸的酸性

乙酸是一种弱酸，具有酸类物质的通性。

$$CH_3COOH \rightleftharpoons CH_3COO^- + H^+$$

乙酸能使紫色石蕊试液变红，能与活泼金属反应生成氢气，也能与碳酸盐反应生成二氧化碳。

生活小妙招

日常生活中，热水瓶或水壶使用时间长了容易产生水垢（主要成分是 $CaCO_3$）。我们可以用食醋浸泡将水垢除去。

这是因为食醋的主要成分就是乙酸，乙酸能够与碳酸钙反应，生成溶于水的乙酸钙、水和二氧化碳：

$$CaCO_3 + 2CH_3COOH = Ca(OOCCH_3)_2 + CO_2\uparrow + H_2O$$

（二）乙酸的酯化反应

【实验 9-7】 在试管中加入 3mL 乙醇，边摇动边滴加 2mL 浓 H_2SO_4 和 2mL 乙酸，然后按照图 9-2 连接好装置，用酒精灯均匀的加热试管。几分钟后，将产生的蒸汽经导管通入饱和碳酸钠溶液的液面上。观察实验现象。

实验中，饱和碳酸钠溶液液面上产生的透明的、有香味的油状液体是乙酸乙酯。乙酸乙酯是制造染料和医药的原料。在某些菜肴烹调过程中，如果同时加醋和酒，也会进行部

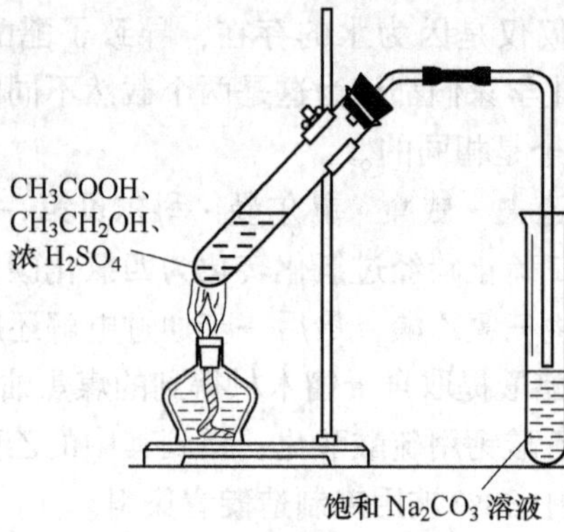

图 9-2 乙酸的酯化反应实验

分酯化反应，生成芳香酯，使菜肴的味道更鲜美。如果要使反应达到工业要求，需要以硫酸作为催化剂，硫酸同时吸收反应过程生成的水，以使酯化反应更彻底。

反应方程式为：

$$CH_3-\overset{\displaystyle O}{\overset{\|}{C}}-OH + H-O-C_2H_5 \xrightarrow[\triangle]{浓H_2SO_4} CH_3-\overset{\displaystyle O}{\overset{\|}{C}}-O-C_2H_5 + H_2O$$

乙酸乙酯

这种醇与酸发生反应，生成酯和水的反应，称为酯化反应。

牛刀小试

用化学方法鉴别：乙酸、乙醛和乙醇。

本章小结

本章知识点总结见下表。

烃的衍生物

类别	官能团	代表物	化学性质	鉴别方法
卤代烃	—X	氯乙烷 C_2H_5Cl	1. 水解 2. 消去	与碱溶液共热
醇	—OH	乙醇 CH_3CH_2OH	1. 与金属钠反应 2. 氧化反应 3. 脱水反应	与金属钠反应，放出氢气
酚	—OH	苯酚 C_6H_5OH	1. 酸性 2. 取代反应 3. 与 $FeCl_3$ 显色	1. 与溴水反应生成白色沉淀； 2. 与 $FeCl_3$ 溶液反应，显紫色
醛	—CHO	乙醛 CH_3CHO	1. 与 H_2 加成 2. 氧化反应	1. 银镜反应； 2. 与新制氢氧化铜反应

续表

类别	官能团	代表物	化学性质	鉴别方法
羧酸	—COOH	乙酸 CH_3COOH	1. 酸性 2. 酯化反应	使紫色石蕊试剂变红

章节测试

一、选择题

1. 下列物质，不能通过乙烯加成反应直接制得的是（　　）。

A. 氯乙烷　　B. 乙醇　　C. 溴乙烷　　D. 乙醚

2. 下列物质中，能与金属钠反应放出氢气的是（　　）。

A. 煤油　　B. 乙醇　　C. 乙酸乙酯　　D. 乙醚

3. 下列物质中，能使溴水褪色并产生白色沉淀的是（　　）。

A. 乙烯　　B. 乙醇　　C. 苯　　D. 苯酚

4. 下列物质中，能使紫色石蕊试剂变红的是（　　）。

A. 乙酸　　B. 苯酚　　C. 丙酮　　D. 乙醚

5. 在一定条件下，下列物质既能发生银镜反应，又能发生酯化反应的是（　　）。

A. HCHO　　B. HCOOH　　C. HCOONa　　D. $HCOOCH_3$

二、填空题

如图在试管甲中先加入 2mL 95% 的乙醇，并在摇动下缓缓加入 2mL 浓硫酸，充分摇匀，冷却后再加入 2g 无水乙酸钠，用玻璃棒充分搅拌后将试管固定在铁架台上。在试管乙中加入 5mL 饱和碳酸钠溶液。按图连接装置，用酒精灯对试管甲加热，当观察到试管乙中有明显现象时停止实验。试回答：

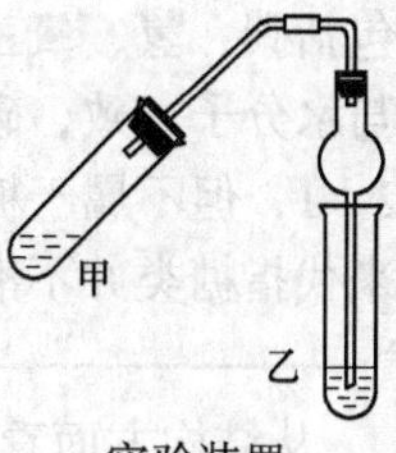

实验装置

1. 试管乙中观察到的现象是______________；

2. 加入浓硫酸的目的是______________；

3. 该实验装置中使用球形管除起冷凝作用外，另一重要作用是______________；

4. 试管乙中饱和碳酸钠的作用是______________。

第十章　常见有机物

有机物种类繁多，且与生产生活息息相关。日常生活中葡萄糖、淀粉、蛋白质、塑料、橡胶等，都是十分重要的有机物。它们有的是食物的主要成分，为生命提供能量；有的出现在各类产品中，与人们的衣食住行紧密联系。本章将与大家一起学习糖类、蛋白质、高分子化合物三类常见又重要的有机化合物。

第一节　糖　类

糖类是自然界中分布非常广泛的一类有机化合物。日常食用的蔗糖、粮食中的淀粉、植物体中的纤维素、人体血液中的葡萄糖等均属糖类。糖类在生命活动过程中起着重要的作用，是一切生命体维持生命活动所需能量的主要来源。

知识拓展

碳水化合物

日常生活中所说的碳水化合物，通常是指糖类。这是因为，从元素组成上看，糖类包括碳、氢、氧三种元素，而且，最初发现的几种糖类中，氢氧原子个数比都是2∶1，与水分子一致，碳水化合物因此得名。但是后来人们发现，有的分子中，氢氧个数比是2∶1，但不属于糖类；也有分子氢氧个数比不是2∶1，但属于糖类。因此，碳水化合物来代指糖类并不准确。

从结构方面看，糖类属于多羟基酮或多羟基醛，或水解后可生成多羟基醛和多羟基酮。根据糖类能否水解以及水解产物不同，糖类可分为单糖、二糖和多糖。

一、单糖

不能发生水解的糖称为单糖，包括葡萄糖、果糖、核糖、脱氧核糖等。

（一）葡萄糖

葡萄糖是自然界分布最广泛的单糖，甜味的水果、生物组织中都含有葡萄糖。另外，日常所说的血糖，也是葡萄糖。葡萄糖的分子式为 $C_6H_{12}O_6$，结构简式是 CH_2OH—CHOH—CHOH—CHOH—CHOH—CHO。葡萄糖是白色晶体，易溶于水，有甜味。

想一想

观察葡萄糖的分子结构，结合之前学习的知识，你认为，葡萄糖有哪些化学性质呢？

葡萄糖属于多羟基醛，与乙醛具有相似的化学性质，能与银氨溶液和新制取的氢氧化铜发生反应，醛基被氧化成羧基。

葡萄糖是生物体新陈代替必不可少的营养物质，它在生物体中发生氧化还原反应，放出热量，供生物体活动所需。葡萄糖在医疗上用作营养剂，可为体弱或血糖低的患者迅速补充营养。葡萄糖也可用于糖果制造业和制镜工业，热水瓶的瓶胆镀银常用葡萄糖来作为还原剂。

（二）果糖

果糖是最甜的一种糖，主要存在于水果及蜂蜜中。果糖分子式为 $C_6H_{12}O_6$，与葡萄糖是同分异构体，其分子结构为 $CH_2OH—CHOH—CHOH—CHOH—CO—CH_2OH$。果糖属于多羟基酮，碱性条件下可转化为多羟基醛。

二、二糖

二糖是指水解生成两个单糖的糖类，常见的二糖是蔗糖和麦芽糖。

（一）蔗糖

蔗糖是重要的甜味食物，主要来源于甘蔗与甜菜中。常见的红糖、白糖、冰糖的主要成分都是蔗糖。蔗糖是白色晶体，易溶于水，有甜味。

蔗糖分子式为 $C_{12}H_{22}O_{11}$。在弱酸或酶的催化作用下，一分子蔗糖可分解为一分子葡萄糖和一分子果糖。但蔗糖中不含醛基，是非还原性糖：

$$C_{12}H_{22}O_{11}(\text{蔗糖}) + H_2O \longrightarrow C_6H_{12}O_6(\text{葡萄糖}) + C_6H_{12}O_6(\text{果糖})$$

（二）麦芽糖

麦芽糖因主要存在于麦芽中而得名，是一种白色晶体，易溶于水，有甜味。

麦芽糖与蔗糖互为同分异构体，一分子麦芽糖可分解为两分子葡萄糖。麦芽糖与蔗糖不同，麦芽糖本身具有还原性，能与银氨溶液和新制氢氧化铜反应：

$$C_{12}H_{22}O_{11}(\text{麦芽糖}) + H_2O \longrightarrow 2C_6H_{12}O_6(\text{葡萄糖})$$

试一试

如何用化学方法分辨蔗糖和麦芽糖呢？

三、多糖

多糖是指能水解成三个及三个以上单糖分子的糖。自然界中最常见的多糖有淀粉和纤维素，它们的通式为 $(C_6H_{10}O_5)_n$。

多糖没有甜味，且无还原性。

（一）淀粉

淀粉是人类的主要食物，是绿色植物进行光合作用产生的，主要存在于植物的种子、根和块茎中。淀粉是白色粉末，不溶于冷水，在热水中会部分溶解。

淀粉是由若干葡萄糖单元构成的，在稀酸或酶的作用下可水解成一系列中间产物，最终水解为葡萄糖。长时间咀嚼馒头或米饭会尝到甜味，正是由于淀粉水解产生了葡萄糖。

淀粉→糊精→麦芽糖→葡萄糖

淀粉遇碘会发生反应，变成蓝色。实验室常用此方法检验淀粉或碘。

(二) 纤维素

纤维素是自然界中分布最为广泛的一种多糖，大量存在于蔬菜、水果及植物种子外皮中，是构成细胞壁的主要成分。纤维素同样由许多葡萄糖单元连接而成，但与淀粉结构不同，不能溶于水，且化学性质稳定。

纤维素可以水解，但比淀粉水解困难。也正是由于这个原因，纤维素不能作为人类的营养物质。但是纤维素可刺激肠道蠕动，促进消化液分泌，有助于消化和排泄。

生活小妙招

你知道吗？在花瓶里加入少量食糖，可以延缓鲜花枯萎，使鲜花寿命延长。

这是因为，植物需要光合作用制造糖分，满足本身生长需求。当鲜花被摘下后，化合作用受阻，糖分难以供应。因此，在水中加入少量糖，可提供开花所需糖分，使瓶花长得更好。

牛刀小试

怎样能鉴定淀粉、蔗糖和葡萄糖？

第二节 蛋白质

在自然界中，无论是动物或是植物，无论是人还是病毒，都还有一种重要的有机物——蛋白质。它是组成细胞的基础物质，存在于所有生物体中。同时，生物体的生长、繁殖、遗传、运动等一切活动都与蛋白质有着密切的关系，它是生命活动的物质基础。可以说，没有蛋白质就没有生命。

蛋白质都含有碳、氢、氧、氮四种元素，其中，氮元素是蛋白质的特征元素，在各种蛋白质中含量较为稳定，约为15% ~17%。除此之外，大部分蛋白质含有硫，一些蛋白质含有磷、碘、铁、铜、锰等。

蛋白质在酸、碱或酶的作用下，可发生水解反应，生成小分子有机物氨基酸。氨基酸是组成蛋白质的基本单位。

一、氨基酸

氨基（$—NH_2$）取代羧酸分子烃基上的氢原子得到的化合物，就是氨基酸。若氨基连在羧基的α位，则称为α-氨基酸。组成蛋白质的氨基酸绝大多数是α-氨基酸，其结构通式如下：

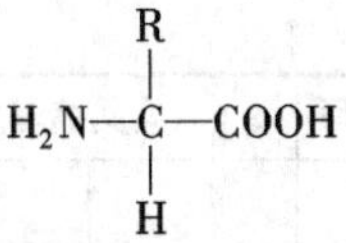

最简单的α-氨基酸是甘氨酸，其结构中的R是一个氢原子，即 H_2N-CH_2-COOH。

构成组成生物体蛋白质的氨基酸共有20种（表10-1）。对人体而言，其中12种氨基酸可以自己合成，这些氨基酸统称为非必需氨基酸；而赖氨酸、亮氨酸、色氨酸、缬氨酸、异亮氨酸、苯丙氨酸、苏氨酸、甲硫氨酸等8种氨基酸，一般人体内不能自己合成，必须从外界事物中获取，因此被称为必需氨基酸。

表10-1 20种常见氨基酸的名称和结构式

名称	中文缩写	英文缩写		结构式
		非极性氨基酸		
甘氨酸（α-氨基乙酸） Glycine	甘	Gly	G	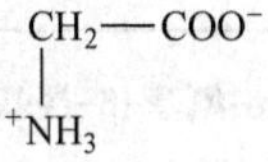
丙氨酸（α-氨基丙酸） Alanine	丙	Ala	A	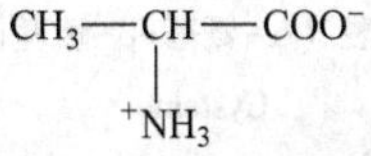
亮氨酸（γ-甲基-α-氨基戊酸）① Leucine	亮	Leu	L	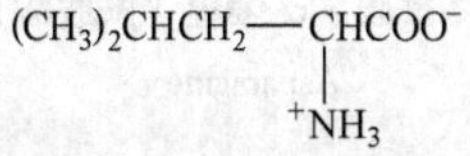
异亮氨酸（β-甲基-α-氨基戊酸）① Isoleucine	异亮	Ile	I	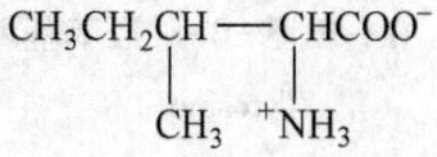
缬氨酸（β-甲基-α-氨基丁酸）① Valine	缬	Val	V	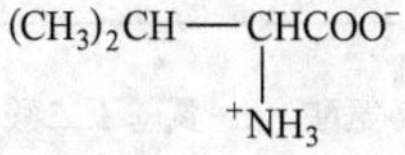
脯氨酸（α-四氢吡咯甲酸） Proline	脯	Pro	P	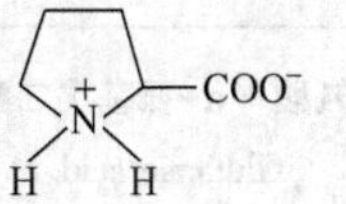
苯丙氨酸（β-苯基-α-氨基丙酸）① Phenylalanine	苯丙	Phe	F	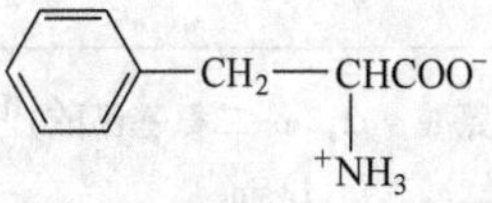
蛋（甲硫）氨酸 （α-氨基-γ-甲硫基戊酸）① Methionine	蛋	Met	M	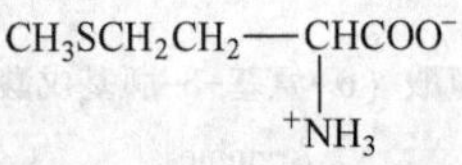

续表 10-1

名称	中文缩写	英文缩写		结构式
色氨酸［α-氨基-β-（3-吲哚基）丙酸］① Tryptophan	色	Trp	W	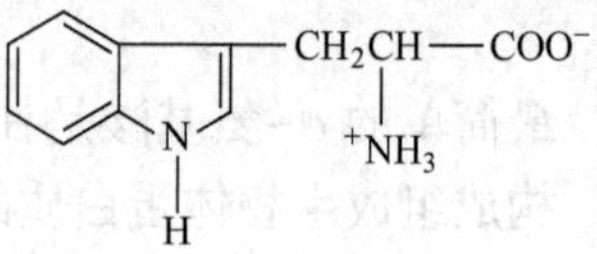
非电离的极性氨基酸				
丝氨酸（α-氨基-β-羟基丙酸） Serine	丝	Ser	S	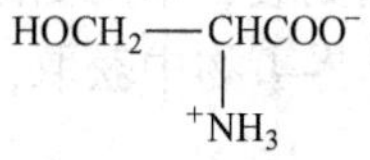
谷氨酰胺（α-氨基戊酰胺酸） Glutamine	谷胺	Gln	Q	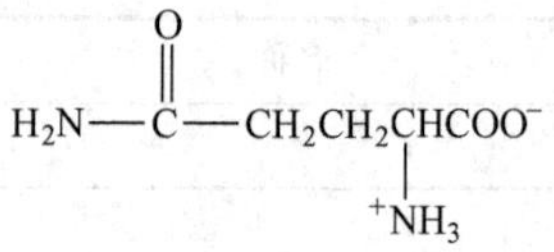
苏氨酸（α-氨基-β-羟基丁酸）① Threonine	苏	Thr	T	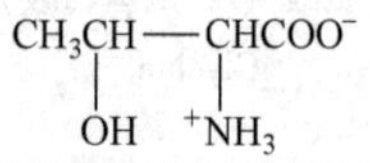
半胱氨酸（α-氨基-β-巯基丙酸） Cysteine	半胱	Cys	C	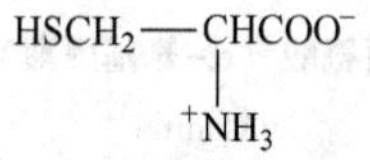
天冬酰胺（α-氨基丁酰胺酸） Asparagine	天胺	Asn	N	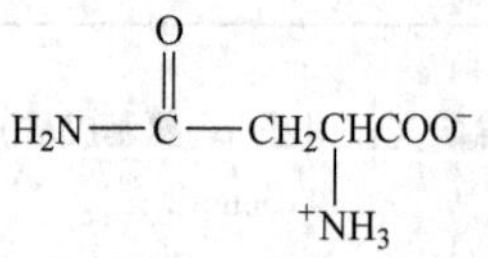
酪氨酸（α-氨基-β-对羟苯基丙酸） Tyrosine	酪	Tyr	Y	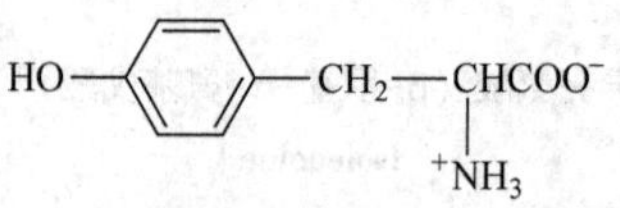
酸性氨基酸				
天冬氨酸（α-氨基丁二酸） Aspartic acid	天	Asp	D	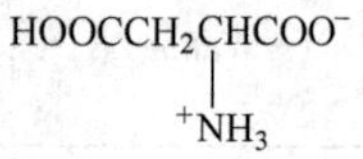
谷氨酸（α-氨基戊二酸） Glutamic acid	谷	Glu	E	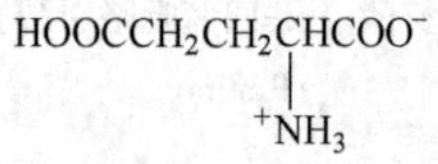
碱性氨基酸				
赖氨酸（α，ω-二氨基己酸）① Lysine	赖	Lys	K	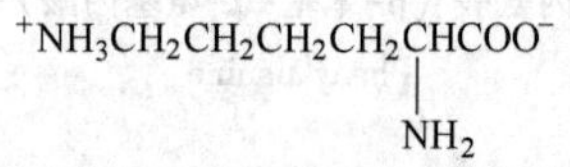
精氨酸（α-氨基-δ-胍基戊酸） Arginine	精	Arg	R	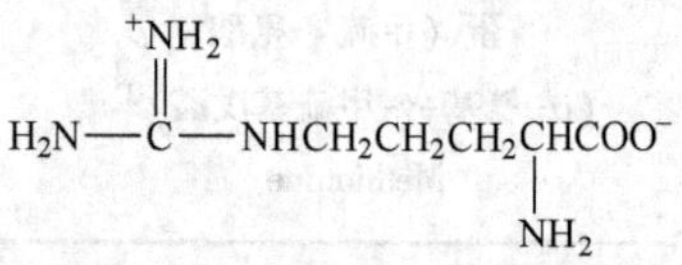

续表 10-1

名称	中文缩写	英文缩写		结构式
组氨酸 ［α-氨基-β-（4-咪唑基）丙酸］ Histidine	组	His	H	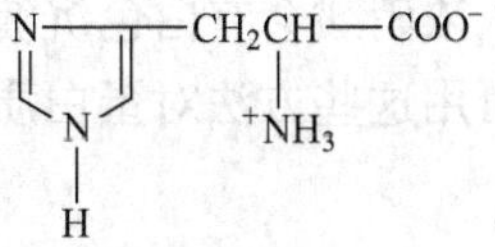

①为必需氨基酸。

氨基酸结构中既有酸性的羧基，又含有碱性的氨基，因此，氨基酸既能与碱作用生成盐，又能与酸作用生成盐，具有两性。此外，α-氨基酸可与水合茚三酮反应生成蓝紫色溶液，可以利用该反应检验α-氨基酸的存在。

二、蛋白质

许多α-氨基酸脱水缩合形成了具有复杂空间结构的蛋白质。由于α-氨基酸种类很多，且不同种类、不同数量的α-氨基酸按照不同的顺序排列，因此，蛋白质种类繁多。

蛋白质具有与氨基酸相似的化学性质，比如两性性质等。但也与氨基酸的性质有不同之处。

（一）水解

蛋白质在酸、碱或酶的作用下，逐步水解成分子量较小的化合物，最终得到α-氨基酸。

各种食物中的蛋白质，就是在生物体内各种蛋白酶的作用下水解生成氨基酸，然后被肠壁吸收，进而为人体利用。

（二）盐析

蛋白质溶液中加入少量的盐可促进蛋白质溶解。但是如果加入的是盐的浓溶液，蛋白质的溶解度反而会降低，这将使蛋白质从溶液中析出，这就是蛋白质的盐析。蛋白质的盐析是可逆的，析出的蛋白质加水仍可溶解，且性质不变。生产中常用这种办法来进行蛋白质的分离和提纯。

（三）变性

在某些物理或化学因素作用下，蛋白质的特定空间构象发生改变，从而使其理化性质发生改变，这种现象称为蛋白质的变性。造成蛋白质变性的物理因素包括加热、加压、紫外线、强烈震荡、超声波等；化学因素包括强酸、强碱、酒精、重金属盐等。蛋白质变性后溶解度降低，同时失去了原有的生物活性。蛋白质变性的过程是不可逆的。

生活中的化学

同学们知道吗？蛋白质变性在生活中有很多应用，例如用酒精、高温蒸煮、紫外线等方法杀菌消毒；食品加工中腌制松花蛋等。食品中的蛋白质，也要经过变性之后，才能在酶的作用下被消化吸收。

蛋白质变性在给生活带来便利的同时，也会附带一些问题，例如疫苗等如果变性，将失去原有作用。因此，在保存的时候需要保持低温干燥，避免阳光直射，防止蛋白质的变性。

（四）颜色反应

蛋白质在浓碱溶液中会与硫酸铜溶液发生反应呈现红色或紫色；含有苯基的蛋白质溶液加入浓硝酸会有白色沉淀产生，加热后，沉淀变为黄色，冷却后加入氨水，沉淀呈现橙色。可用这些方法对蛋白质进行检测。

第三节　高分子化合物

高分子化合物，又叫高聚物或聚合物，是指相对分子质量为 $10^4 \sim 10^6$ 的大分子化合物。根据来源不同可分为天然高分子化合物和合成高分子化合物。上节学习的淀粉、纤维素、蛋白质等都属于天然高分子化合物。而生活中随处可见的塑料、合成纤维等都是合成高分子化合物。

合成高分子化合物在日常生活生产中扮演了十分重要的角色。这与其结构和理化性质都是密不可分的。

一、高分子化合物结构特性

高分子化合物相对分子质量较大，但其化学组成及分子结构并不复杂，都是由简单的结构单元通过共价键以重复的方式连接而成。例如制作塑料的聚乙烯分子是由许多氯乙烯结构单元连接而成的：

$$—CH_2CHCl—CH_2CHCl—CH_2CHCl—CH_2CHCl—$$

为了方便，常缩写为：

$$\left[CH_2CHCl \right]_n$$

$\left[CH_2CHCl \right]$即结构单元，又称为链节。形成结构单元的化合物称为单体，例如上例中的氯乙烯。n 是链节重复的数目，称为聚合度。

高分子化合物的机构分为“线性”和“体型”两种，线性是许多链节连成一个长链，体型是带有支链的线性高分子互相交联形成立体网状结构。

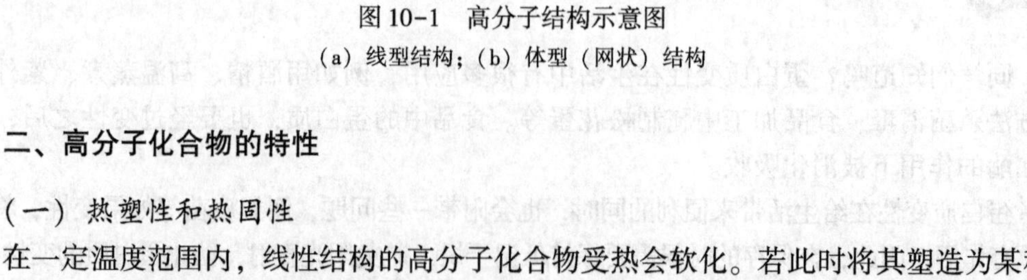

图 10-1　高分子结构示意图

（a）线型结构；（b）体型（网状）结构

二、高分子化合物的特性

（一）热塑性和热固性

在一定温度范围内，线性结构的高分子化合物受热会软化。若此时将其塑造为某种形状，冷却后，其形状保持不变，再加热又软化。线性高分子化合物的这种性质称为热塑性。生产中利用这种性质生产各种形状的塑料制品、合成纤维等。

体型结构的高分子化合物则没有这种性质。体型高分子材料硬度大，脆性大，受热不会软化，这种性质称为热固性。

（二）化学稳定性

高分子化合物活泼型官能团较少，且分子链缠绕在一起，将活泼官能团包在分子内部，不易与其他物质发生化学反应，化学性质稳定。因此，高分子化合物通常具有耐酸、耐碱、耐腐蚀等特性。

（三）良好的绝缘性能

高分子化合物中，原子以共价键结合而成，一般不易导电，具有良好的绝缘性。因此，高分子材料被广泛应用于电气工业，如塑料等被用于制作电线的包皮、电插座等。此外，高分子化合物可抵抗多种射线，可用于抗辐射。

（四）弹性

线性高分子聚合物，通常情况下是卷曲的，受到外力作用时，会发生较大形变；去掉外力后，能迅速恢复原来的形状，这种性质称为弹性。例如，生胶就是一种具有弹性的线性高分子化合物。

体型高分子化合物的弹性受分子中长链交联程度影响。交联程度越大，弹性越小，直至失去弹性。

（五）密度和力学强度

高分子化合物通常密度较小，相对密度通常为 1 ~ 2，泡沫塑料的相对密度为 0.01，是很好的救生材料。

高分子材料虽然密度小，但机械强度高，有的甚至超过了钢铁和其他金属材料。

三、常见高分子材料

高分子材料种类很多，其中被应用最为广泛的是塑料、合成纤维和合成橡胶，被称为“三大合成材料”。

（一）塑料

塑料是指在一定温度和压强下可塑制成型的合成高分子材料。工业上以合成树脂为基本原料，加上适量的添加剂和填充料以改善某些性能。

塑料种类繁多，用途广泛。常见集中塑料以及它们的性质和用途见表 10-2。

表 10-2　常见塑料的性质和用途

名称	性能	用途
聚乙烯	耐寒、耐化学腐蚀，电绝缘性好，无毒；耐热性差，容易老化；不宜接触汽油、煤油，制成的器皿不宜存放石油、饮料	制成薄膜，可做食品、药物等的包装材料；可制日常用品、管道、绝缘材料、辐射保护衣等
聚丙烯	机械强度好，电绝缘性好，耐化学腐蚀；低温发脆，无毒性	制薄膜、日常用品

续表 10-2

名称	性 能	用 途
聚氯乙烯	耐有机溶剂、耐化学腐蚀，电绝缘性好，耐磨，抗水性好；热稳定性差，遇冷变硬，透气性差，制成的薄膜不宜用来包装食品	硬聚氯乙烯：制管道、绝缘材料等； 软聚氯乙烯：制薄膜、电线外皮、软管、日常用品等； 聚氯乙烯泡沫塑料：制建筑材料、日常用品等
聚苯乙烯	电绝缘性好，透明度高，室温下质脆，温度较高时变软，染色后色泽鲜艳；耐溶剂性差	制中频绝缘材料、电视雷达部件、汽车和飞机零件、医疗卫生用品以及离子交换树脂等
聚甲基丙烯酸甲酯	透光性好，质轻，耐水，耐酸碱，容易加工，不易碎裂；耐磨性较差，能溶于有机溶剂	制飞机和汽车用的玻璃、光学仪器、医疗器械、日常用品等
酚醛树脂	电绝缘性好，耐热，抗水；能被强酸、强碱腐蚀	制电工器材、仪表外壳、涂料、日常用品等
环氧树脂	高度黏合力，加工工艺性好，耐化学腐蚀，电绝缘性好，机械强度好，耐热性好	广泛用作黏合剂，制机械零件等；玻璃纤维复合制成的增强塑料用于宇航等领域
聚四氟乙烯	耐低温（-100℃），耐高温（350℃），耐化学腐蚀，电绝缘性好	用作电气、航空、化学、冷冻、医药等工业耐腐蚀、耐高温、耐低温的制品

（二）合成纤维

纤维可分为天然纤维和合成纤维两大类。化学纤维又分为人造纤维和合成纤维。人造纤维是利用不能直接放置的天然纤维作为原料，经过一定的化学处理形成的化学纤维。合成纤维是利用石油、煤、天然气等为原料，经过化学合成和机械物理加工制成的一种人造纤维。

在众多合成纤维中，聚酰胺纤维（锦纶）、聚酯纤维（涤纶）、聚丙烯腈纤维（腈纶）因用途广泛、产量巨大，被称为三大合成纤维。三大合成纤维的总产量占全部合成纤维产量的90%。

常见合成纤维的性质和用途见表10-3。

表 10-3 几种常见合成纤维的性质和用途

名称	商品名	性 能	用 途
聚己内酰胺	锦纶	比棉花轻，强度高，耐磨，耐碱，弹性和染色性好；耐光性差，不能长期暴晒，保型性、吸水性差	制绳索、渔网、轮胎帘子线，降落伞以及衣料织品、袜子等
聚丙烯腈	腈纶或人造毛	比羊毛轻而结实，保暖性、耐光性，弹性好；不容易染色，不耐碱	制衣料织品、毛毯、工业用布、滤布等
聚对苯二甲酸乙二醇脂	涤纶或“的确良”	易洗、易干、保型性好，抗折皱性强，耐碱、耐磨、耐氧化；不耐浓碱，染色性较差	制衣料织品、电绝缘材料、渔网、绳索、运输带、人造血管、轮胎帘子线
聚氯乙烯	氯纶	耐化学腐蚀、保暖性、难燃性、电绝缘性好；耐热性、耐光性、染色性差	制针织品、工作服、绒线、毛毯棉絮、渔网、滤布、帆布和电绝缘材料
聚丙烯	丙纶	机械强度高，耐磨、耐水、耐化学腐蚀、电绝缘性好、耐热性、耐光性和染色性差	制降落伞、绳索、滤布、网具、工作服、帆布、地毯等

续表 10-3

名称	商品名	性 能	用 途
聚乙烯醇缩甲醛	维纶	柔软，吸湿性跟棉花类似，耐光、耐磨、保暖性好；耐热水性和染色性较差	制衣料、窗帘、滤布、桌布、粮食袋等

(三) 合成橡胶

橡胶根据原料不同可分为天然橡胶和合成橡胶两种。天然橡胶是由橡胶树或橡胶草中的胶乳加工而成；合成橡胶则是由石油、煤、天然气等为原料制得的二烯烃聚合而成。合成橡胶在某些性能上比天然橡胶好。

合成橡胶种类很多，常见的有丁苯橡胶、顺丁橡胶等。表 10-4 列出几种主要合成橡胶以及它们的性质和用途。

表 10-4　常见合成橡胶的性质和用途

名称	性 能	用 途
丁苯橡胶	热稳定性、电绝缘性和抗老化性好	制轮胎、电绝缘材料、一般橡胶制品
异戊橡胶	与天然橡胶相似，黏结性良好	制轮胎、各种橡胶制品
氯丁橡胶	耐用性好，耐磨、耐酸性、耐老化、不燃烧；弹性和耐寒性较差	制电线皮包、运输带、化工设备的防腐衬里、防毒面具、胶黏剂等
硅橡胶	耐低温（-100℃）和高温（300℃），抗老化、抗臭氧性、电绝缘性好；力学性能差、耐化学腐蚀性差	制绝缘材料、医疗器械、人造关节以及各种在高温、低温下使用的衬里等

本章小结

1. 糖类

(1) 糖类根据水解产物不同分为单糖、双糖和多糖；

(2) 单糖、双糖和多糖的结构特点。

2. 蛋白质

(1) 蛋白质的构成；

(2) 蛋白质的主要性质。

3. 高分子化合物

(1) 高分子化合物的性质；

(2) 重要高分子化合物：塑料、纤维、橡胶。

章节测试

1. 有机高分子化合物与低分子有机物的区别：

项目	有机高分子化合物	低分子有机物
相对分子质量	高达________	1000 以下
相对分子质量的数值	平均值	

续表

项目	有机高分子化合物	低分子有机物
分子的基本结构	若干重复结构单元组成	单一分子结构
结构单元组成	单一分子结构	
性质	物理、化学性质有____________	

2. 下列不属于高分子化合物的是（　　）。

A. 蛋白质　　B. 淀粉　　C. 硝化纤维　　D. 油脂

3. 下列说法正确的是（　　）。

A. 利用石油作原料制得的纤维是人造纤维

B. 天然纤维是不能再被加工处理的

C. 合成纤维、人造纤维和天然纤维统称为化学纤维

D. 煤和农副产品也可经过处理制得合成纤维

参考文献

[1] 张斌. 化学（通用类）[M]. 北京：高等教育出版社, 2013.
[2] 旷英姿. 化学基础（第二版）[M]. 北京：化学工业出版社, 2014.
[3] 董敬芳. 无机化学（第四版）[M]. 北京：化学工业出版社, 2017.
[4] 邓苏鲁. 有机化学（第四版）[M]. 北京：化学工业出版社, 2014.

元素周期表

原子序数 —— 92 U —— 元素符号，红色指放射性元素

元素名称 注*的是人造元素 —— 铀

$5f^36d^17s^2$ —— 外围电子层排布，括号指可能的电子层排布

238.0 —— 相对原子质量（加括号的数据为该放射性元素半衰期最长同位素的质量数）

非金属　　金属　　过渡元素

周期＼族	IA 1	IIA 2	IIIB 3	IVB 4	VB 5	VIB 6	VIIB 7	VIII 8	VIII 9	VIII 10	IB 11	IIB 12	IIIA 13	IVA 14	VA 15	VIA 16	VIIA 17	0 18	电子层	0族电子数
1	1 H 氢 $1s^1$ 1.008																	2 He 氦 $1s^2$ 4.003	K	2
2	3 Li 锂 $2s^1$ 6.941	4 Be 铍 $2s^2$ 9.012											5 B 硼 $2s^22p^1$ 10.81	6 C 碳 $2s^22p^2$ 12.01	7 N 氮 $2s^22p^3$ 14.01	8 O 氧 $2s^22p^4$ 16.00	9 F 氟 $2s^22p^5$ 19.00	10 Ne 氖 $2s^22p^6$ 20.18	L K	8 2
3	11 Na 钠 $3s^1$ 22.99	12 Mg 镁 $3s^2$ 24.31											13 Al 铝 $3s^23p^1$ 26.98	14 Si 硅 $3s^23p^2$ 28.09	15 P 磷 $3s^23p^3$ 30.97	16 S 硫 $3s^23p^4$ 32.06	17 Cl 氯 $3s^23p^5$ 35.45	18 Ar 氩 $3s^23p^6$ 39.95	M L K	8 8 2
4	19 K 钾 $4s^1$ 39.10	20 Ca 钙 $4s^2$ 40.08	21 Sc 钪 $3d^14s^2$ 44.96	22 Ti 钛 $3d^24s^2$ 47.87	23 V 钒 $3d^34s^2$ 50.94	24 Cr 铬 $3d^54s^1$ 52.00	25 Mn 锰 $3d^54s^2$ 54.94	26 Fe 铁 $3d^64s^2$ 55.85	27 Co 钴 $3d^74s^2$ 58.93	28 Ni 镍 $3d^84s^2$ 58.69	29 Cu 铜 $3d^{10}4s^1$ 63.55	30 Zn 锌 $3d^{10}4s^2$ 65.41	31 Ga 镓 $4s^24p^1$ 69.72	32 Ge 锗 $4s^24p^2$ 72.64	33 As 砷 $4s^24p^3$ 74.92	34 Se 硒 $4s^24p^4$ 78.96	35 Br 溴 $4s^24p^5$ 79.90	36 Kr 氪 $4s^24p^6$ 83.80	N M L K	8 18 8 2
5	37 Rb 铷 $5s^1$ 85.47	38 Sr 锶 $5s^2$ 87.62	39 Y 钇 $4d^15s^2$ 88.91	40 Zr 锆 $4d^25s^2$ 91.22	41 Nb 铌 $4d^45s^1$ 92.91	42 Mo 钼 $4d^55s^1$ 95.94	43 Tc 锝 $4d^55s^2$ [98]	44 Ru 钌 $4d^75s^1$ 101.1	45 Rh 铑 $4d^85s^1$ 102.9	46 Pd 钯 $4d^{10}$ 106.4	47 Ag 银 $4d^{10}5s^1$ 107.9	48 Cd 镉 $4d^{10}5s^2$ 112.4	49 In 铟 $5s^25p^1$ 114.8	50 Sn 锡 $5s^25p^2$ 118.7	51 Sb 锑 $5s^25p^3$ 121.8	52 Te 碲 $5s^25p^4$ 127.6	53 I 碘 $5s^25p^5$ 126.9	54 Xe 氙 $5s^25p^6$ 131.3	O N M L K	8 18 18 8 2
6	55 Cs 铯 $6s^1$ 132.9	56 Ba 钡 $6s^2$ 137.3	57~71 La~Lu 镧系	72 Hf 铪 $5d^26s^2$ 178.5	73 Ta 钽 $5d^36s^2$ 180.9	74 W 钨 $5d^46s^2$ 183.8	75 Re 铼 $5d^56s^2$ 186.2	76 Os 锇 $5d^66s^2$ 190.2	77 Ir 铱 $5d^76s^2$ 192.2	78 Pt 铂 $5d^96s^1$ 195.1	79 Au 金 $5d^{10}6s^1$ 197.0	80 Hg 汞 $5d^{10}6s^2$ 200.6	81 Tl 铊 $6s^26p^1$ 204.4	82 Pb 铅 $6s^26p^2$ 207.2	83 Bi 铋 $6s^26p^3$ 209.0	84 Po 钋 $6s^26p^4$ [209]	85 At 砹 $6s^26p^5$ [210]	86 Rn 氡 $6s^26p^6$ [222]	P O N M L K	8 18 32 18 8 2
7	87 Fr 钫 $7s^1$ [223]	88 Ra 镭 $7s^2$ [226]	89~103 Ac~Lr 锕系	104 Rf 𬬻* $(6d^27s^2)$ [261]	105 Db 𬭊* $(6d^37s^2)$ [262]	106 Sg 𬭳* [266]	107 Bh 𬭛* [264]	108 Hs 𬭶* [277]	109 Mt 鿏* [268]	110 Ds 𫟼* [281]	111 Rg 𬬭* [272]	112 Uub * [285]	……							

镧系	57 La 镧 $5d^16s^2$ 138.9	58 Ce 铈 $4f^15d^16s^2$ 140.1	59 Pr 镨 $4f^36s^2$ 140.9	60 Nd 钕 $4f^46s^2$ 144.2	61 Pm 钷 $4f^56s^2$ [145]	62 Sm 钐 $4f^66s^2$ 150.4	63 Eu 铕 $4f^76s^2$ 152.0	64 Gd 钆 $4f^75d^16s^2$ 157.3	65 Tb 铽 $4f^96s^2$ 158.9	66 Dy 镝 $4f^{10}6s^2$ 162.5	67 Ho 钬 $4f^{11}6s^2$ 164.9	68 Er 铒 $4f^{12}6s^2$ 167.3	69 Tm 铥 $4f^{13}6s^2$ 168.9	70 Yb 镱 $4f^{14}6s^2$ 173.0	71 Lu 镥 $4f^{14}5d^16s^2$ 175.0
锕系	89 Ac 锕 $6d^17s^2$ [227]	90 Th 钍 $6d^27s^2$ 232.0	91 Pa 镤 $5f^26d^17s^2$ 231.0	92 U 铀 $5f^36d^17s^2$ 238.0	93 Np 镎 $5f^46d^17s^2$ [237]	94 Pu 钚 $5f^67s^2$ [244]	95 Am 镅* $5f^77s^2$ [243]	96 Cm 锔* $5f^76d^17s^2$ [247]	97 Bk 锫* $5f^97s^2$ [247]	98 Cf 锎* $5f^{10}7s^2$ [251]	99 Es 锿* $5f^{11}7s^2$ [252]	100 Fm 镄* $5f^{12}7s^2$ [257]	101 Md 钔* $(5f^{13}7s^2)$ [258]	102 No 锘* $(5f^{14}7s^2)$ [259]	103 Lr 铹* $(5f^{14}6d^17s^2)$ [262]

注：相对原子质量录自2001年国际原子量表，并全部取4位有效数字。